島田秀平が
5万人の手相を見てわかった!
運と不運の正体

島田秀平

SB新書
598

むかしむかし、ある村に
とても貧しい青年がいました。
青年は、村外れのあばら家に
住んでいました。
一生懸命働いても
ちっとも暮らしはよくなりません。
そこで青年は、一計を案じました。
女神像を買ってきて
「幸せになりたい」と願いを立てます。
そして、女神像に祈りながら、
必死になって働きました。

ある日、夜もだいぶ深まったころ、
トントンと戸を叩く音がします。
「空耳かなぁ」と思いながら、
ガタピシの戸を開けました。
すると、そこには美しい女性が立っています。
青年が「何ですか？」と尋ねると、女性は
「あなたのところへ伺ったんです」と言います。
「お門違いではありませんか」
と言うと、美しい女性はほほえみながら、
「いいえ、初めからお宅を目指して参りました。
私は、あなたが日ごろ祈りつづけてらっしゃる
幸せの女神、吉祥女《きっしょうにょ》でございます」と答えます。

青年は大変喜び、
「どうぞどうぞ」と女性を招き入れました。
すると、幸せの女神の後から
もう一人、別の女性がついてきます。
「お供がいらっしゃるんですか」と青年が尋ねると、
女神は「妹と一緒に参りました」と言います。
女神様一人でも十分なのに、二人です。
青年は大喜びで、「ささ、どうぞどうぞ」と言って、
二人を招き入れました。

さて、行灯《あんどん》に火を入れて、
妹の顔を見てびっくりしました。
言いようもないほど
醜い女性だったのです。
「本当に妹さんなんですか」と女神に訊くと、
「たしかに実の妹でございます。
不幸の女神で、黒闇女《こくあんにょ》と申します」と言います。
青年は、幸せの女神はいいけれど、
不幸の女神は困ると考え、
「お姉さんだけ残っていただいて、
妹さんはお帰りくださいませんか」
とお願いしました。

すると、幸せの女神は
「それは無理な注文です。
私たちはいつも二人一緒でございます。
二人一緒に置いていただけないなら、
帰らせていただきます」と言います。
結局、青年の家には、
吉祥女という幸せの女神と、
黒闇女という不幸の女神が
二人一緒にいることになりました。

吉祥女のおかげで、お金にも恵まれ
青年の暮らしはだいぶよくなりました。
けれども、青年は、貧しいころ汗水流して
働いていた時を思い出しては、
「あのころはよかった。お金はなくとも満ち足りていた」
と思うようになります。
お金があっても、青年は幸せではなかったのです。
そして、こう思います。
「不幸の女神がいるから、不幸なんだ」と。
そこで、青年は不幸の女神に
「お願いですから出ていってくれませんか」と頼みます。
すると、不幸の女神は、こう言いました。
「お前は愚かだ。私が出ていくということは、
幸せの女神も出ていくということだ」

そうして、青年の家から、
幸せの女神も不幸の女神も
二人とも出ていってしまいました。
幸せの女神も不幸の女神もいなくなった。
青年はまた貧乏に逆戻りです。
さてさて、日々の生活のために
懸命に働く青年の顔は……。
毎日が充実していて幸せなのか、
それとも、裕福な日々を思い、憂いているのか。
それは青年にしかわかりません。

こんにちは。手相芸人の島田秀平です。

僕はこれまで約20年の間に、5万人もの方々の手相を占ってきました。

みなさん、口々に「どうしたら幸せになれますか?」とお聞きになります。けれども、その目指す「幸せのかたち」はまさに十人十色。同じ幸せはないと気づきました。

20年以上、占いを続けてきたなかで、「あの人は幸せそうだ」とか、「あの人は不幸せそうだ」などと、条件や環境だけで簡単に判断できるものではないことが、よくよくわかりました。「運と不運の正体」って、いったいなんだろう? これは占いをしていくなかで、僕自身への大きな問いかけでもありました。

そんなとき、ある高僧から、冒頭の「吉祥女と黒闇女」のお話を聞いたのです。これは仏教の『涅槃経《ねはんぎょう》』という大事な経典に載っている「人間の幸せ」についてのたとえ話だそうです。お坊さんからお聞きしたお話に、僕が少し脚色を加えました。この話を聞いたとき、「運と不運の正体って、まさにこういうことなんじゃないか」と感じたのです。

みなさん、すでにお気づきかもしれませんが、人の幸せに完璧な幸せなどありません。姉妹の女神様が示しているように、幸せと不幸せはいつも一緒です。

さらに、人の幸せというのは、裕福であるとか貧乏であるとか、条件だけで決まるものでもありません。さらにさらに、人の幸せは、周りの人が決めるものではなく、その人自身が決めるもの。何が幸せで、何が不幸せかは、本人にしかわからないのです。これは僕自身が5万人を占ってきた実感でもあります。

たとえ周りから「わぁ。あの人、不幸のどん底だ」と思われていたとしても、当の本人は「いま、すっごく充実している！」と感じていたり、逆に「あのどん底があったから、今は幸せだ」と考えたり、「あのころがあったから、多少の困難でも頑張れる」と考えたり、不運をまったく感じない人もいれば、不運な出来事をプラスのエネルギーに転換する人もいる。成功者と言われる方々からは、そんなエピソードを山ほど聞いてきました。

この本では、「島田秀平が5万人の手相を見てわかった！　運と不運の正体」を、いろんな角度から全力でお伝えしたいと思います。この本で、一つでもあなたの不運を消すことができたら、それが僕の一番の幸せです。

『島田秀平が5万人の手相を見てわかった！
運と不運の正体』もくじ

1章

「運」「不運」って何だろう？
――「悪いことが起こる＝不運」ではない

2章

運には法則がある
――自分を動かし、強運を引き寄せるには？

3章 不運の捉《とら》え方、考え方
――気にしない、引きずらない人には運がつく！

4章

停滞期は、どう行動したらいい？
——上昇期に大きく花開くよう、やっておきたいこと

5章 タイミングを生かすか見送るか？
——手相でわかる判断のポイント

1章

「運」「不運」って何だろう?

――「悪いことが起こる=不運」ではない

◉本当の「不運」は「運ばず」ということ

「もう！　ツイてないなぁ」

誰しも、こんなふうに感じたことは一度や二度ではないでしょう。

人生、いいことも起これば悪いことも起こります。

日々のちょっとしたトラブルやハプニング、とうてい自分の力では抗えない一大事、そういうことが起こったときに、人は自分を「ツイてない」「不運だ」と感じ、運のめぐり合わせを恨みたくなるものです。

でも、そもそも「不運」って何なのでしょう？

どんな状態を「運がいい」、どんな状態を「運が悪い」と言うのでしょうか？

改めて、「運」という漢字を見てみましょう。

自分の運命がどこにも運ばれていない状態が「不運」

「運」は「運ぶ」――この意味でいえば、**「運」とは、自分の運命が何かしらの方向へと「運ばれている」「動かされている」**ということ。

そう考えてみると、**逆に「不運」とは「運ばず」。自分の運命が、どの方向へも「運ばれていない」「動かされていない」とい**うことになるでしょう。

つまり、僕はこう思うのです。

大なり小なり自分にとって好ましくないことが起こることを、人は「不運」と捉えがちですが、実はそうではない。

よきにつけ悪しきにつけ、何かが「起こっている」時点で、自分の運命は確実に「運ばれている」「動かされている」わけだから、

好ましくないことが起こることは「不運」ではないのです。

では「不運」とは、どういう状態を言うのか。

さっきも言ったように「不運」を「運ばず」と読めば、よくも悪くも何も起こらない、いわば「静かに凪いでいる海」のような状態を、本当の「不運」と言うのではないかと思います。

何も起こらない穏やかな日常こそが幸せ。そういう見方もあるでしょう。たしかに幸せだと僕も思います。でも、そんな穏やかな日常は、はたしてずっと続くのでしょうか。

運気には上昇期と停滞期があります。

といっても、日ごろ何もせずにいて、運気の上昇期になったら急にいいことが起こり始めるわけではありません。

凪のような日常を過ごしながらも、それに甘んじない。何か新しいことを始める、インプットを増やすなど、自分自身を「運ぶ」「動かす」。そうしてこそ、いざ上昇期に入ったときに、いろんなチャンスを手にできるのです。

というわけで、**不運とは「よくないことが起こること」ではなく、「何も起こらないこと」。自分で何かを起こすことで、いくらでも人は自分で自分の運を動かしていける**――そんな前提で、本書では「運と不運の正体」に迫っていきたいと思います。

◉人生に「何をやってもダメな時期」なんてない

運気には上昇期と停滞期があると言いました。

停滞期のなかでも、特に運気が悪い時期は「天中殺」や「大殺界」などと呼ばれることもあり、その期間は、極力、何もせずにじっと耐えたほうがいいという考え方もあります。

ただ、こうした考え方で占ってしまうと、運気の停滞期にはまったく希望がないと断じるかのようで、人を落ち込ませかねません。

占いで「向こう3年間は、何をやってもうまくいきません」と言われようものなら、その時期には何もいいことが起こらない、ちょっとでも何かを決断、選択しようものなら、必ず悪いほうに転じる。そんなふうな暗示にかかって、誰だって萎縮してしまうのではないでしょうか。それは、もはや「呪いの言葉」。僕が目指す占いの役割とはまったく逆で、本末転倒ではないかと思うのです。

運気を見ることで人を勇気づけたり、背中を押したり、「よし、また明日からがんばれる気がする」と思えるように元気づけたりする。それこそが占いの役割です。そんな占いをしたいと思って、僕は、ずっと手相や数秘術を勉強してきました。

人生に、「絶対ダメな時期」なんてない。「この何年かは何もしちゃダメ、選択しちゃダメ、決断しちゃダメ」という時期は、実はないんだと思います。

たしかに一見、いいことが起こらない時期はあります。華々しく活躍できたり、目立って前向きに物事が動いたりしているとは、まったく思えない。それどころか雲行きが怪しいことばかり……。

でも、何もしてはいけないわけではなくて、そういう時期のうちにやっておくと、後にプラスに働くというものがたくさんあるのです。

たとえば芸人の場合、あまり出番がない時期に何をしておくかで、その後、活躍できるかどうかが大きく左右されます。

いろんなところに出かけたり、人に会ったりしてインプットを増やし、ひたすらネタを書き溜める。すると、ある瞬間にめぐってきたチャンスを確実に生かすことができて、それが、また次のチャンスにつながっていく。

たとえ「何をしてもうまくいかない」ように思えても、人は自分で運を動かしていけるんですね。

一番よくないのは、不遇を嘆くだけで何も行動を起こさないことです。

水はたえず流れていないと、次第に淀んで腐るように、運も、動かないと次第に淀んで腐っていきます。そして運を動かすのは、何か目に見えない大きな力などではなく、自分自身にほかなりません。

「不遇だから」と自分自身が腐っていると、運気も腐ってしまいます。

だから、いくらうまくいかないように思えても、決して腐らずに動きつづけることが、運を開く一番の秘訣。これは、僕の周りにいる先輩や後輩たち、今までにお会いしてきた成功者の方々を見ていても、実感することなのです。

◉「幸運の相」も、実現するかどうかは自分次第

テレビなどで手相についてお話しするとき、たいてい、僕は「あったらうれしい線」を紹介します。自分の手を眺めて、「○○線、あった！」となるだけで、ちょっと気持ちが明るくなれると思うからです。

ただ、ここで誤解してほしくないのは、いい線があったからといって、すべてを運任せにしていては、幸運はめぐってこないということです。

わかりやすいところで言うと、「ブレイク線」という相があります（196ページ参照）。これは、「あるか、ないか」ではなく、「どのあたりに線が入っているか」で、20代、30代、40代、50代、60代、70代……と、どの年代でブレイクする可能性が高いかを見ます。誰の手にもある線で、ただ入っている位置が違うのです。

たとえば、今、40代の人の手相で、次にブレイクするのは「50代」と出ていたとしましょう。

そうなると、50代までの約10年間が準備期間です。

何もしなくても、50代になったら、チャンスが向こうから次々と舞い込んでくるのではありません。

いざ50代に入るときに向けて、今から準備をしっかりしていくことで、本当に50代にブレイクする可能性をグンと上げることができます。

手相は変わりますから、何も準備をしていないと、せっかく「50代でブレイクする」と出ていた相が、どんどんズレていってしまうかもしれません。

もう1つ例を挙げます。

手相には「モテ期到来線」（190ページ参照）というのもあるのですが、この線が入っていたら「放っておいてもいい出会いがある」かというと、違います。

恋愛をするには、まず相手と出会わなくてはいけません。

そして相手と出会うためには、出会いがありそうなところに、自分を運ばなくてはいけません。

その行動を起こさずに、「いい出会い、早くこないかな〜」なんて待っているようでは、せっかくの「モテ期到来線」を生かせないまま。そして、やがては「モテ期到来線」が消失してしまう可能性もあります。

「家と会社を往復するだけ。そんな味気のない日々を送っていたけど、ある日、めちゃくちゃ好みの男性が、私が落としたハンカチを拾ってくれて、そこから運命的な恋愛が始まった」――なんていうのは昼ドラのなかだけの話です。

つまり、「モテ期到来線」が入っているのは、「出会いが素敵な恋愛に発展する確率が特に高まっているから、積極的に出会いに行こう」ということ。本当に素敵な恋愛ができるかどうかは、自分の行動次第なのです。

2つ例を挙げましたが、これはすべての「あったらうれしい線」に言えることです。

手相は、あくまでも、

「この特定の運気が上がっているから、こういう分野でいいことが起こる可能性が高いですよ。さらに可能性を高めるには、そのことを意識して行動することが大事」と示すもの。いわば「行動のヒント」を与えてくれるものです。

また、なかには「いい線が1つも見つからない……」という人もいると思います。それでも、希望を失うことはありません。

なぜなら、「現時点で、その相が出ていないだけ」だから。恋愛でも結婚でも仕事でも、「今は、その運がめぐってくる（その線が現れてくる）前の準備期間」と考えれば、落ち込む必要はないわけです。

一番大事なのは、「今、何をするか」。やはり自分が行動すること、行動しつづけることこそが、運と不運の大きな分かれ目になるのです。

◉「あのときがあったから、今がある」と言える日がくる

何も起こっていない「運ばず」の状態こそ本当の不運、とお話ししました。

それでもやっぱり、よくないことが起こったら「不運」と捉えるでしょうし、何かとうまくいかないときは「運がないな」と感じるものでしょう。

そして、それすらも、別に悪いことではないと思うのです。

なぜなら、**よくないことが起こったり、なかなかうまくいかなかったりして、どうしても「不運」「運がない」と感じてしまう、そういう心の動きにも、人生においては大きな意味がある**ように思えるからです。


ある知人の話です。

その人はバンドの歌手として活動していたのですが、20年もの活動の末にバンドが

解散することになってしまいました。

人前で歌えない、アルバム制作などもできない。

自分は誰からも必要とされていないんじゃないか。

そうとう精神的に参りながらも、コツコツと、誰に披露するアテもない歌づくりだけは続けたそうです。そうして2年ほどが経ったある日、ふたたび歌をリリースできることになりました。

ちょうどリリースが決まったくらいのころに話したとき、彼女は、こんなふうにいっていました。

「2年間、ずっと闇のなかにいました。自分の運命を呪ったりもしました。でも月並みな言い方ですけど、人生に無駄ってないんですよね。この2年間、人前で歌うチャンスがないなかで、自分がどれだけ歌が好きかを再認識しました。どうなるかわからなくて不安でたまらなかったけど、やっぱり、私は歌いたいんだなって。

それに、人前で歌えなくなっても、応援してくれる人たち、サポートしてくれる人たちがたくさんいて、自分はなんて恵まれているんだろうって改めて気づくきっかけにもなりました。今は『芸歴二十数年の新人』って感じで、すごく楽しいんです」

結果的に、彼女にとって「闇の2年間」は、自分がやりたいことを改めて確認し、いっそう熱心に取り組むための「助走の2年間」になりました。

もちろん、今も闇のなかにいたら、そうは思えなかったでしょう。

リリースが決まり、闇から脱したからこそ「この2年にも意味があった」と振り返ることができた。その点で彼女は「運がよかった」だけなのでしょうか？

そうではないと思います。すでにお話ししたとおり、彼女は歌の仕事の予定がゼロというなかでも、歌をつくることは続けていました。しっかり準備していたわけです。


突然、活動の場を奪われる。今まで積み上げてきた業績が、あるとき、自分にはどうしようもない理由で急に途絶えてしまう。いつ、誰の身に起こってもおかしくないことです。

そんなとき人は「なんて不運なんだ」と思うのかもしれませんが、いつかきっと、「あの出来事にも意味があったんだ」「あの時期があったから、今の自分がある」と振り返れる日がくるでしょう。

腐りかけても腐りきらずに、自分を動かし、準備さえしていれば。

それでこそ、ふたたびチャンスに恵まれたとき、また心新たにがんばることができると思うのです。

ずっと順風満帆な状態が続いていると、ともすれば情熱や感謝の気持ちを忘れがちです。「ある」ことが当たり前になってしまうんですね。

ふいに訪れる不遇の時期は、その「当たり前」のありがたみ（有り難み＝「ある」ことが「難しい」ということ）を実感し、また奮起する機会になるでしょう。

もし、「なんて運がないんだ」と落ち込むことにも理由があるとしたら、こんなふうに「ある」ことのありがたみを、改めて実感するためではないかと思います。

今、彼女の歌は、それまで以上に人々の心を潤い、その声はどこまでも優しく、感動を与えています。

2章

運には法則がある

——自分を動かし、強運を引き寄せるには？

◉数秘術でわかる「運気のバイオリズム」

運気には上がったり下がったりというバイオリズムがあります。

何かよくないことが起こったとき、その一点だけにフォーカスすると、「よくないことが起こった」という捉え方になるだけですが、「運気のバイオリズム」という視点をもっていると、また違った意味合いで出来事を捉えられるようになるでしょう。

「今は、こういう運気だから、あんなことが起こったのかな。でも来年にはこういう運気になっていく。そのとき初めて、この出来事が生きてくるのかもしれないな」

こんなふうに、**よくないことが起こっても悲観せずに、「何かしら意味があって起こったこと」「ゆくゆく生きるタイミングが訪れるもの」として、前向きに捉えられるようになる**はずです。

もっといえば、こうした捉え直しができること自体に、運気が上がる（運気の上昇期を生かせる）効果があると言ってもいいでしょう。運の神様はポジティブな人が大好きだからです。

そうなると気になるのは、どうしたら「運気のバイオリズム」を知ることができるか、ですよね。

僕は人を占うときに、たいていは手相と合わせて数秘術も使います。

数秘術とは、生年月日から算出される数字によって、その人の性格や運命を占うというもの。

「単なる数字で何がわかるの？」なんて思われるかもしれませんが、古来、数秘術が確立されてきた背景には、膨大なデータの蓄積があります。手相と同じく、統計的なものなのです。

数秘術の計算を「今年の西暦と誕生日」で行なうと、「今年の自分のテーマ」を割り出すことができます。上昇期か停滞期かという「運気のバイオリズム」もわかるので、ぜひ試しに、ここで計算してみてください。

まず、今年の西暦と自分の誕生日を横並びに書き出し、左から足していきます。

この時点で1ケタの数字になったら計算は終了です。2ケタになった場合は、十の位と一の位の数を足す、という具合に1ケタになるまで足していきます。

この最後に出た1ケタの数字が、今年の自分のテーマを表しているのです。

たとえば、僕が2023年の自分のテーマを知りたかったら、誕生日は12月5日なので、「2＋0＋2＋3＋1＋2＋5＝15」となり、「1＋5＝6」となります。つまり、2023年の僕のテーマは「6」ということ。

1〜9、それぞれの数字のテーマの読み方は、次のとおりです。


1……スタート、種まきの年。何か新しいことを！

2……出会いの年、人脈づくりの年。人との交流を楽しんで！

3……花開く、楽しみきる年。クヨクヨ考えず、人生を楽しんで！

4……地盤固め、基礎づくりの年。自分の武器を見つめ直して！

5……転機、新たなチャレンジの年。新しい世界へ飛び込む勇気を！
6……自己犠牲、人に尽くす年。自分を後回しにしても人のために働こう。
7……自己投資、勉強の年。習いごとや資格取得に時間を費やそう。
8……自然体でうまくいく成功の年。流れに身を任せて！
9……けじめ、集大成、一区切りの年。次の人生への準備を！

こうして並べてみると、流れがあることに気づくかと思います。

1の年に種をまき、2の年に人と出会うことで育ち、3の年にいったん花開く。4の年には、また足元を見直して地盤を固め、そのうえで5の年に新たなチャレンジをする。

そして6の年には、多少の損を被ることも承知で人のために働く。6の年は、周囲の人たちから「あの人に助けられたな」と思われる機会をたくさんつくる「人貯金」の年とも言えます。

その次に訪れる7の年には、また自分に立ち返って自己投資をする。

今年の自分のテーマがわかる数秘術

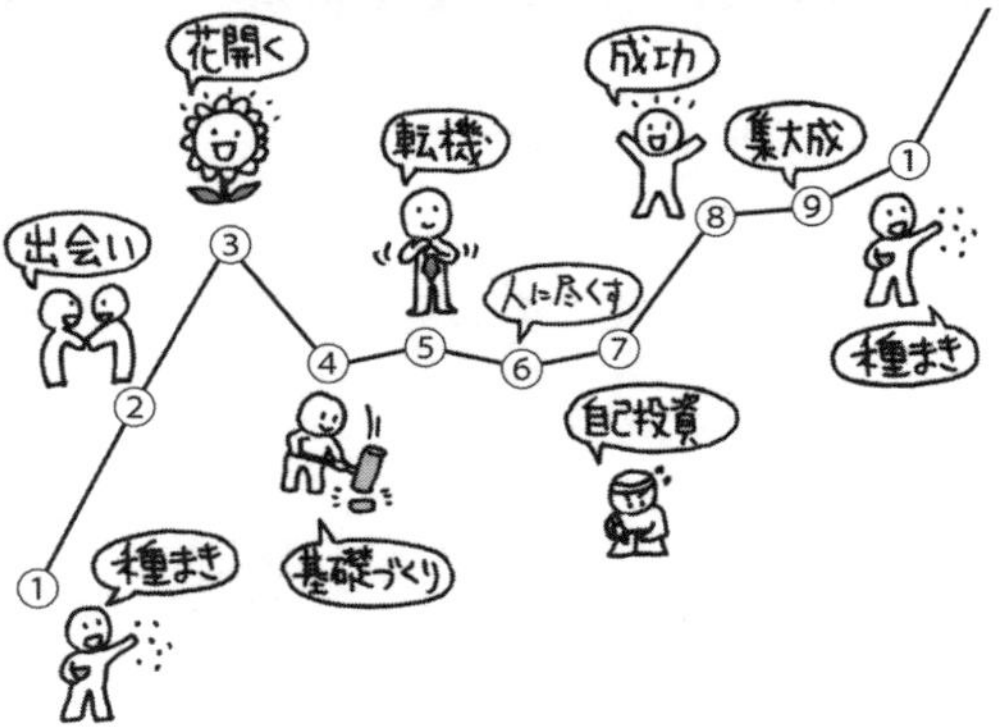

そして8の年には、いよいよ過去7年間がすべて報われて成功し、9の年に1つの集大成ができて運気が一区切りする、というわけです。

運気の上昇期、停滞期も、この流れに沿っていると考えます。

つまり運気は、1の年から徐々に上がって3の年に1つのピークに達し、4の年にいったん下がって5で上がる。そして6、7の期間は、次の8の年に向けてゆるやかに下ってから上がり、8で最大のピークに達したら、9で落ち着く。

したがって、運気の上昇期と停滞期は、次のようにみなしていいでしょう。

1〜3……上昇期
4……停滞期
5……上昇期
6〜7……停滞〜上昇期
8……上昇期
9……停滞期

数秘術で算出される数は、当然、毎年1つずつ進みます。運気も、1から2、2から3、3から4……そして9の翌年はまた1に戻る、という具合にグルグルとめぐっています。

ということは、いつからでも、何歳になっても、生きている限りは何度でも運の上昇期は訪れるのです。

もしかしたら、今はあまりいいことが起こっていないかもしれません。物事がどうしてもうまくいかないように感じられるかもしれません。

でも、数秘術による「今年の自分のテーマ」を見ても、1~9のなかに「何もするな。動くな」という年は1つもありませんよね。

数秘術が教えてくれることも参考に自分を動かしていけば、きっと次の上昇期には大きなチャンスがめぐってくるでしょう。

◉「ゆるやかな下降線」を上げていく方法

いろんな困難があった末に訪れる、穏やかな幸せってありますよね。

かつて大変な思いをしていればこそ、大きな波が起こらない凪の状態がありがたく思えて、ずっとずっと味わっていたいと思うかもしれません。

ただ、そんなときにも運気は動いています。

「絶好調でもなければ、絶不調でもない」という状態も、ずっとは続きません。

穏やかな幸せもいいものですが、やっぱり何もしなければ、その先には、ただ「ゆるやかな下降」があるだけでしょう。

いつだって、ギラギラと野心を燃やさなくてはいけないとは思いません。

ただ、その後の人生もずっと輝かせていくには、「ゆるやかな下降線」を、少しずつ上げていく行動は取ったほうがいいと思います。

それには、小さなことでもいいから「新しいチャレンジ」をすることです。

他者と比べる必要はありません。昨日の自分、あるいは先週、先月、昨年の自分と比べて、「今の自分は、こういう新しいチャレンジをしている」と思えることを、いかに積み重ねていくか。

何であれチャレンジは刺激になります。生きる活力、といっては大げさかもしれませんが、言ってみれば「心の地平」が高い位置に保たれます。

そして、チャレンジによって自分自身を更新していると、5年後、10年後が楽しみになります。

つねに「今の自分が一番新しくてベストな状態」と思えるようになるから、若いころの武勇伝ばかり語るような年寄りになることも避けられるでしょう。

何か新しい趣味を始めるもよし。

仕事で、少しハードルの高いことにチャレンジするもよし。

僕も、一度に多くの人の手相を見る番組など、あえて通常よりも大変な仕事にチャレンジすることがあります。

周りを見ていても、たとえばバナナマンさんは、毎夏、泊まり込みで単独ライブを敢行しています。

お二人ともレギュラー番組をたくさん抱える超・売れっ子ですが、そこに甘んじずに、コンビとして、あえてチャレンジする状況に自らを追い込んでいる。すごい人たちは、やっぱり、いつも勝負に出ているんだなと思います。

芸能人の場合は、マネージャーの提案で新しいことを始める場合も、よくあります。

その点で一般の方とは少し違うかもしれませんが、みなさんも、周りの人たちから「こんなことをしてみたら？」とすすめられたり、「一緒にこんなことやってみようよ」と誘われたりすることなら、あるのではないでしょうか。

そういうときに、素直に耳を傾け、とりあえず挑戦してみるというフットワークの軽さも大切だと思います。

新しい趣味を始めることや、大変な仕事にチャレンジすることは、言ってしまえば

「やらなくてもいいこと」です。

でも、そんな「やらなくてもいいこと」に、あえて取り組むという経験は、いつかきっと、次のステージへと進む元手になるに違いありません。

仕事であれ、プライベートであれ、新しいチャレンジを積み重ねているうちに、いつの間にか、「ゆるやかな下降線」が「ゆるやかな上昇線」に変わっていきます。

これも、自分の行動によって現実が変わるという、運の法則性の1つと言っていいでしょう。

◉なんでもいいから、新しいことをする

ちょっと不思議な話なのですが、以前、こんな体験談を聞いたことがあります。

ある人が命を落とし、魂となってトボトボと暗闇を歩いていたら、行列が見えてきました。

気になって行列の先頭のほうを見に行ってみると、人々が並んでいたのは、コンビニのレジのようなところ。レジの向こう側には、バーコードリーダーのような器具を持った店員さんみたいな人がいました。

人々は、それぞれの手に紙を持っていて、順番がくると提出します。すると、店員さんのような人が器具でピッと紙を読み込み、「あなたは何ポイントです」と言いながら返却します。

新しい経験が「死後ポイント」!?

さらに先には川があって、そのレジのような場所を通過した人たちは、順繰りに渡っていきました。

結局、その人自身は、レジを通過することも川を渡ることもありませんでした。この一部始終を目撃したところで、魂が肉体に戻り、目を覚ましたからです。

そう、これはある人の臨死体験の話なのです。

人々が渡っていた川というのは、「三途の川」ですね。

では、コンビニのレジのようなところで、いったい人々は何をしていたのでしょう。

聞くところによると、そこでは「生きている間に積んだ新しい経験」が「死後ポイント」としてカウントされているのだそうです。

この話を聞いて、僕は思いました。

どこか、現世ではない異世界には巨大な「神様のスーパーコンピューター」みたいなものがあって、全人類の経験のデータが蓄積されている。

だから、たくさん新しい経験をした人は、それだけ多くのデータ蓄積に貢献したということで、たくさんポイントをもらえて、死後の世界で、いい場所に送ってもらえるんじゃないか、と。

単なる妄想、おとぎ話と言ってしまえば、それまでです。

でも、こんなふうに考えてみると、「よし、ここらで1つ新しい経験をしてみるか」って思えませんか? 実際、僕はちょっとワクワクしました。

何も、会社を興すとか宇宙旅行に行くとか、大きなことでなくてもいいのです。

いつもと違う道を通る。

いつもと違うコーヒーを買う。
いつもと違う定食屋さんでランチを食べる。
いつもと違うテイストの服に挑戦してみる。
もちろん犯罪行為は論外ですが、何だって立派な「新しい経験」です。

死後ポイントを貯めるために、こうした新しい経験をしていると、現世にいる間にも、いい変化が起こる可能性が高くなるでしょう。

いつもと違うことをすると、今までとは違う視点を得たり、視界が広がったりするものです。新しい刺激が心や脳に作用して新しいアイデアが浮かぶかもしれないし、今までとは違うタイプのご縁やチャンスが引き寄せられるかもしれません。

◉「がんばること」を具体的に決める

幸せになりたい。お金持ちになりたい。運気を上げたい――。

そう願う人は多いと思いますが、そこで一番大事なのは、たぶん「そのために何をがんばるのか」を具体的に決めることだと思います。

僕にはかつて、相方がいました。「号泣」という漫才コンビとして活動していたのですが、２００８年に解散することになりました。相方は転職を希望しており、僕も、解散とともに芸能界を辞めようと思いました。

でも実際には一度も辞めることなく、今、こうして運に関する本を書いています。

しかも２０２０年、同じ相方と一緒に「号泣」を再結成することになりました。もう誰かとコンビを組むことなんてないと思っていましたが、本当に人生って、何があるかわかりませんね。

あのとき辞めることを思いとどまったのは、事務所の大先輩である和田アキ子さんの言葉がきっかけでした。

辞めるというご報告と、最後のご挨拶をしようと、アッコさんのところへ出向いたときに、こう言われたのです。

「島田、あと1年だけがんばりな。芸能界では1つ秀でているだけだと飽きられてしまうから、何か2つのことをがんばって、1年後に報告にきなさい」

アッコさんに「2つ」と言われて、僕は初めて、具体的にやるべきことを考え始めました。

そうして出てきたのが、「手相」と「怪談」だったのです。

思えば僕は、「売れたい」という気持ちは強かったのですが、「何をして売れたいのか」という具体性が足りていませんでした。

「売れたい」という目標はあっても、内容がふんわりしていた。だから「がんばりどころ」も「がんばり方」もわからない。これで「売れる」はずがなかったのです。

そんな僕に「2つのことをがんばれ」と、具体的にがんばることを定めるようにすすめてくださったアッコさんのおかげで、僕の人生は大きく変わりました。

人と会えばお願いして手相を見まくり、あちこちで怪談を取材しまくりました。

ふんわりした目標しかなかった僕が、初めて具体的に「これ」と「これ」とフォーカスし、ひたすら力を注いだ。それが紛れもなく今の僕につながっているのです。

こんな自分自身の経験から、「人はやるべきことが定まっていないと、それほどがんばれないんだ」という当たり前の事実に気づかされました。

数秘術で運勢を占うときに、「この数字の年は、こういうことをしたほうがいい」とアドバイスするのも、あの1年間の経験が元になっています。

「こういう時期です」と言われるだけだと、人は「じゃあ、どうすればいいわけ?」と迷ってしまうでしょう。

占いは、その人にとって「人生を向上させるきっかけ」になるべきものだと思っているので、占うだけ占って突き放すのは不本意です。だから、占いの結果を受けて、できるだけ具体的な行動のアドバイスを示そうと心がけているのです。

そしてもちろん、自分自身で行動の指針を見出すことができたら、いっそう運気アップにつながりやすくなる。本項で一番お伝えしたいのは、そこです。

幸せになりたい。お金持ちになりたい。運気を上げたい――。

そもそも、「幸せになりたい」といっても、いろんな形の幸せがあります。

「お金持ちになりたい」というのも、いくらくらいお金があったら、願いが叶ったことになるのでしょう。それに、ただお金が山ほどあればいいのでしょうか。そうではないでしょう。やはり「何のために」と考えてみることが欠かせません。

さらには「運気を上げたい」となると、いっそう捉えどころがありません。「なんか、いいことないかな〜」と、人生を運任せ。これだと、自分の力で、より幸せで充実した人生を切り開いていくのは難しいでしょう。

だから、**まず自分にとっての幸せとは何か、何のためにお金持ちになりたいのかという「願いの内訳」をはっきりさせる。**

そして、「そのために何をがんばるのか」を具体的に決める。

長期的な目標のために、まず達成すべき目標を決めるのもいいですね。芸人でいえば「売れるために、まず賞レースで3位以内に入る」というように、大きな目標達成に至るまでのステップストーンを設定するということです。

運気とは、こういう具体化のプロセスにこそ宿るものだと思うのです。

「なんか、いいことないかな～」では運気が上がるはずがありません。

たとえ運気の上昇期にあっても、十分に生かすことができずに、過ぎ去ってしまう可能性が高い。でも、「何をがんばるか」を具体的に決めている人は、自然と運を味方につけていくでしょう。

◉「今日は直感に従う」という日をつくる

運気が停滞しているときは、体よりも頭のほうにエネルギーが行きがちです。行動するより先に、あれこれと考えてしまう。グルグルと考えるほどに、先行きに対する不安や悩み、迷いが増幅されて、ますます動けなくなる。そんな悪循環に陥ってしまう人が多いようなのです。

行動するには、理由や計画が必要と思うかもしれません。**でも、ときには何の理由もなく、無計画に動いてみるのもいい**でしょう。ぜひ「今日は何も考えず、直感に従って行動する」という日をつくってみてください。

計画はいっさい立てずに、気の赴くまま、足の赴くままに出歩きます。電車に乗る気分だったら、目的地を定めずに、直感で「これに乗ろう」と思った電車に乗ります。

そして行く先々でも直感に従って、いろんなものを五感で体験します。

外食するなら、いったん目をつむって心を静め、そこでパッと浮かんだものを食べに行きます。

書店に導かれたら、何冊か直感で選んだ本を買います。

ちなみに僕も先日、書店で3冊、本を買いました。1冊は読書法の指南本、1冊はご夫婦で書かれた詩集、もう1冊は小説でした。直感で選んだのでジャンルも何もバラバラですが、これから読むのが楽しみです。

このように**理由も計画もなく動いていると、出会うもの、起こることすべてが「予期していなかった新鮮な刺激」になります。思いもよらぬところで、行き詰まっていたことを突破するヒントが見つかる**かもしれません。

ここで用いる直感の主は、実は自分自身でなくてもかまいません。

たとえば犬を飼っている方なら、必ず1日に1回は散歩に行きますよね。そのときにルートを定めずに、犬が引っ張る方向へと進むようにしてみるというのも、おもしろいと思います。その子の直感に従うということですね。

お決まりのコースばかり通るのは、体こそ動いていても、頭にも心にも新たなインプットがないため、停滞を意味します。

要は「運ばず＝不運」になる可能性があるということ。定期的にそれをシャッフルすることで、運を動かすことができるでしょう。

実はこれ、僕が週に1回程度、飼っているフレンチブルドッグの「ブラン」と一緒に実践していることなのです。

「今日はブランデー（お酒のほうではなく、ブランの日、ということです）にしよう」と決めたら、ブランを好きなように歩かせます。

脇道にそれまくったり、細い路地に入り込んだりと、自分ひとりでは絶対に行かないような道を通るのでワクワクします。「こんな道があったんだ」「こんなお店があったんだ」という発見が、そのまま頭と心の刺激になるのです。

◉願いが叶いやすくなる神社のお参り法

神社でのお参りの仕方というと、「二礼二拍手一礼」。これは広く知られていることだと思いますが、参拝の際の「順序」も重要というのはご存知でしょうか。

神社に行ったら、みなさんは、どういう順序でお参りしますか？

まず手水舎《ちょうずしゃ》で手と口を清め、神殿前でお賽銭を投げ入れ、二礼二拍手一礼で参拝。それから社務所に立ち寄って、お守りを買ったり、おみくじを引いたりする。だいたいこんな感じではないでしょうか。

でも実はこれ、一番ご利益が頂ける順番があるのです。

僕がいろいろな神社をめぐった経験から得た最良の順番は、「手水舎→参拝→お守り・おみくじ」ではなく、「手水舎→お守り→参拝→おみくじ」が一番ご利益を頂ける。もちろん理由があります。

そもそもお守りとは、願いを込めて買うものですよね。受験生なら「合格祈願」、家庭の健康と平和を願うなら「家内安全」、運転をする人なら「交通安全」、子どもが生まれるのなら「安産祈願」――。

それぞれ願いがあって神社にお参りするのですから、神殿で神様と向き合う前に、お願いごとは明確にしたほうが届きやすいでしょう。だから、まずお守りを買い、それを手に参拝するといいそうなのです。

言われてみれば納得ではないでしょうか。

参拝するときは、いったんお守りをポケットやカバンにしまい、二礼二拍手。そして、お守りを取り出して右手に乗せ、上から左手をかぶせるようにして、その後手をずらし、両手を合わせ、拝みます。これは、左手は「神様」、右手は「自分」と考えられているためです。

まず神様（左手）を上にして、手を合わせる。その後、神様と自分（右手）が合わさる。

最良の「参拝の順序」と「お辞儀のコツ」

その瞬間、神様と自分が1つになる。心が重ね合わされる。そう意識すると、いっそう敬虔な気持ちで拝めるでしょう。

そして最後に一礼しますが、これにもコツがあります。

以前、神主さんのお辞儀を見たときに、とてもきれいにゆったりと、深々と頭を下げられたので、どうしたらそんなふうにできるのか聞いてみたことがあります。

そのコツは意外にもシンプルで、「息を細く長く吐きながら頭を下げていって、頭を上げるときに吸い込むといい」とのことでした。

息を吐きながらだと、深く深く頭を下げることができて、そして多く吐いたぶん、たくさん吸い込むことができます。境内に充満している「いい気」を、めいっぱい取り入れることができるのです。

神主さんは、「このお辞儀のコツが、もっと世に広まってくれたらうれしい」とおっしゃっていました。本書を読んだみなさんから、どうぞ実践していってください。周りの人にも教えてあげてくださいね。

さて、以上の要領で参拝を終えたら、今度はおみくじです。

なぜこの順序になるかというと、お守りは「自分から神様へのお願い」、おみくじは「神様から自分への返答」とされているからです。

たしかに、おみくじって、「大吉」「吉」といった運勢だけでなく、「こう考えるべし」「こう行動すべし」といったアドバイスも記されていますよね。それも含めて、自分のお願いごとに対する神様の返答なのです。

つまり、お守りを手に参拝する（お願いごとを明確にしたうえで神様と向き合う）→おみくじを買う（参拝で念じたお願いに対する神様の返答を得る）ことで、神様とより深くつながることができるというわけです。

そう考えると、おみくじも、決してあなどれませんね。

お守りを手にお参りした後なら、なおのこと、おみくじの内容を素直に受け止め、アドバイスを取り入れるようにもなるでしょう。それがまた、運を開くことにつながっているのです。

◉自分を「バラエティ番組のMC」に見立てる

突然ですが、バラエティ番組で「もう、こんなすごい回は二度とないんじゃないか」っていうくらい盛り上がる回、いわゆる「神回」って、どんなときに生まれると思いますか?

バラエティ番組には、構成作家の方が書いた台本があります。

では、すべて台本どおりにいったときに「神回」になるのかというと、違います。

実は「台本外」のことが起こったときこそ、「神回」に化ける可能性が一気に高まるのです。

台本とは、進行の要所要所を記した筋書きです。

そして筋書きに命を吹き込むのは、本番に臨むMCをはじめとした出演者です。

ある瞬間に、スタッフさんが想定していなかったようなことを、誰かが言ったりやったりする。それをMCが拾って出演者に振る。振られた人も瞬時に機転を利かせて場を沸かせる。

こういうハプニングの連鎖反応が奇跡的にうまく回ったときに、「神回」が生まれるのです。だから、バラエティ番組の出演者にとっては、本番中のハプニングこそ腕の見せどころです。

特に「笑い」を求められる芸人からすると、ハプニングは、それにどう反応して場を盛り上げようかというチャンス。そこで真価が問われるという意味では、気が引き締まる局面です。

しかし、それ以上に腕が試されるのは、場を回す役割を担うMCでしょう。ハプニングが起こったときに、それを拾って誰にどう振るか。その瞬時の判断次第で、番組の流れは大きく変わります。台本どおりソツなく進行することも大切ですが、ハプニングを上手に料理するごとに、MCとしての評価が上がるわけです。

僕は、テレビ番組のMCは、あまりやったことがありません。でもバラエティ番組に出演したことなら、たくさんあります。名MCと言われる方の神がかったお仕事ぶりも、数多く拝見してきました。

さて、なぜこんな話をしたのかというと、**人生を「バラエティ番組」、自分を「番組MC」と見立てたら、予期せぬハプニングが起こったときや、いろいろとままならないときに、マイナスに捉えずに済む**のではないか、と思ったからです。

思いどおりにいかないのが人生。

そうとわかってはいても、思いどおりにならないと、ついイライラしてしまう。ネガティブ感情を周囲に撒き散らして、人間関係をギクシャクさせてしまう。誰しも身に覚えのあることではないでしょうか。

そんなクセを少しずつでも解消していくために、**「人生はバラエティ番組」であり、自分は、「人生というバラエティ番組を回すMC」と考えてみたらどうだろう、という僕からの提案**なのです。

◉「指示どおりプラスアルファ」を提示する

以前、いとうあさこさんが、こんな話をされていました。

みなさんご存知のように、いとうさんは、新体操のレオタード姿で演じる「浅倉南」のネタでブレイクしました。バラエティ番組に呼ばれるたび、そのネタを求められる時期がずいぶん長く続いたそうです。

番組をつくる側として、旬の芸人の旬のネタを盛り込みたいのは当然です。でも出演する側としては、「求められるままに受けるネタをやっているだけでは、いずれきっと頭打ちになってしまう。飽きられたら呼ばれなくなる……」という危機感があります。

だから、いとうさんは、「浅倉南」のネタは全力で見せつつ、必ずもう1つ、別のギャグをやるようにしていたそうです。求められたことではないので、たいていはオンエアでカットされてしまう。それでも、新ギャグを見せつづけた、と。

たとえカットされたとしても、「新しいことをやろうとしている」という意欲は番組スタッフに伝わります。

しかも見ている人は見ているもので、誰かが何かのタイミングで「そういえば、こんなことやってたな。あのときはカットしたけど、おもしろかったな」と思い出してくれる。

こうして出番が増え、活躍の幅も広がっていくものなのです。

いとうさんは今もテレビの人気者ですが、もう「浅倉南」のネタは滅多に見ませんよね。旬のネタだけでなく、もう1つ必ずプラスしていたことが、息の長い活躍につながっているのでしょう。

お笑いの世界の話が続いてしまいましたが、きっとこれは、どんな仕事にも共通するところがあると思います。

求められたこと、指示されたことをこなすだけでなく、自分の判断や意志でプラス

アルファのことをする。

うまくいってもいかなくても、「単なる指示待ちではない」という姿勢は伝わるでしょうし、プラスアルファの試行錯誤そのものが、自身の成長につながるはずです。

そこから、新しく可能性が開けることも多いと思うのです。

◉うまくいっているときこそ、「次の一手」を考える

人には、「今、自分が置かれている状況はずっと続く」と捉えるところがあります。うまくいっていないときは「このまま、ずっとうまくいかなかったら、どうしよう」と悩みがちですし、うまくいっているときは「よし、これでもう大丈夫だ」と慢心しがちです。

明けない夜はありません。止まない雨もありません。「お先真っ暗」と思ってしまっても、必ず人生にひと筋の光が差し込むときがくる（それも、自分の行動によるわけですが）。

しかし、これは逆もまた然り、なのです。

つまり、うまくいっている状態がずっと続くとは限りません。いつなんどき、思わぬところで、先の道が断たれてしまうかわからないのです。

そこで重要になってくるのが、「うまくいっているときに、何をするか」です。単純な例を挙げると、たとえば、ある一発ギャグが受けた芸人がいたとしましょう。いろんなテレビ番組や舞台に引っ張りダコで、どこに行っても、そのギャグを求められる。しばらくは、そういう日々が続きます。でも、人の心は移ろいやすいものです。そのうち必ず飽きられて、別の何かを求められるときがきます。時間的猶予は、ほとんどありません。飽きられてから「次の一手」を考え始めるようでは、遅いのです。

僕が「手相芸人」として、テレビ番組に呼んでいただける機会が増えてきたころ、はるな愛さんから、あるアドバイスをいただきました。

「島田くん、将来のことって考えてる?」と愛さんに聞かれたので、「もし手相芸人として呼んでもらえなくなったら、街角で手相占いでも始めますよ」と僕が答えると、

「いやいや、それだと遅いよ」とおっしゃいます。

「ダメになったら次のことを考えようっていう発想だと、絶対、長続きしない。ずっ

と活躍したいんだったら、いいときに次の展開を考えなくちゃ」

はるなさんは現在、タレント活動に加えて、いくつか飲食店を経営する実業家としても活躍していらっしゃいます。

大ブレイクしてからもずっと活躍している人と、「一発屋」で終わる人の最大の違いは、このあたりにありそうです。先輩方を見ていても、息長く活躍している人ほど、つねに「次の一手」を考えているように見受けられるのです。

別分野に挑戦する人、一見、何も変わっていないようでいて、実は時代に合わせてマイナーチェンジを繰り返している人——。

「次の一手」の形はさまざまですが、僕が知る限り、息長く活躍されている人に、まったく同じことをずっと続けている人はいません。

そんな方々に倣って、僕も、つねに「次の一手」を考えるようになりました。

まず「手相」をしっかりやる。そのうえで「怪談」「パワースポット」「都市伝説」と手数を増やしてきたことで、ありがたいことに、いろんな場に呼んでいただけるようになりました。

そのためなのか、最近は、行く先々で「島田くん、次は何を考えてるの？」「次は何をするの？」と聞かれます。正直、「えー！　もう次のことを求められるのか」とプレッシャーを感じなくはありませんが、ぜいたくな悩みですね。

それだけ期待してもらっているんだと思うと、つねに「次は、こんなこと考えてます」と言えるようでなくてはいけないなと気が引き締まります。

現状に甘んじていないという姿勢を見せつづけることで、「やっぱり、もう次を考えてるんだ」「おもしろいね」と思ってもらえたら、きっとまた別のチャンスに恵まれるに違いないと思っているのです。

これは、お笑いの世界だけに限らないでしょう。

ビジネスで成功していくには、「次の一手」を考えることが欠かせません。それも今の立場が危うくなってからではなく、**うまくいっているときこそ、「次の一手」を考えていくことが重要**なんだと思います。

運は、「川の流れ」によく似ています。

サラサラと心地よい流れも、いきなり滝に突入したり、逆に流れが止まって淀んだりする。運も同じなので、いい流れに乗っているときも油断せず、つねに別のいい流れを探すことが、うまく運を乗りこなしていくコツなのです。

◉努力の方向性を考える

人生は運任せではなく、いかに自分が行動するかにかかっています。

「天は自ら助くる者を助く」――コツコツ努力している人であればこそ、運気の上昇期に、さまざまなご縁やチャンスに恵まれるという意味と捉えれば、この言葉も、本当にそうだなと思えます。

何も行動を起こさずに「運が何とかしてくれる」というほど、人生は甘くないでしょう。

運は、「努力を惜しまない人」にだけ現れる、心強いサポーターなのです。

「なんだ、結局は努力が必要なのか」とガッカリしたかもしれませんね。

でも、「運はたまたま訪れるもので自分ではコントロールできないもの」と捉えるより、「運は自分の努力によって引き寄せられるもの。コントロールできるもの」と捉えると、それはもう、鬼に金棒、百人力以上の効果を得られること間違いなしです。

ただ、ここで1つ注意したいのは、「闇雲に努力すればいいわけでもない」ということです。

努力は努力でも、運を味方にできる「筋のいい努力」と、そうでない努力があるように見えるのです。

方向性を見誤ると、せっかく努力してもご縁やチャンスに結びつかず、徒労に終わることにもなりかねません。

ポイントは、「ない」ものを「ある」ようにするのではなく、すでに「ある」ものを「伸ばす」ことだと思います。

現時点で、自分に一定の実績があるものの延長線上、あるいは派生させたところに、「次の一手」につながるタネがある、と考えるといいのではないでしょうか。

たとえば、ずっと手相をやってきた僕が、「最近、流行っているから」というだけでマンガやアニメについて語ろうと思っても、このテーマでブレイクする可能性は低いでしょう。

流行に乗りたいばっかりに、にわか仕込みで語っている限り、たとえば、幼いころからの筋金入りのマンガ・アニメファンである中川翔子さんの熱意、説得力には敵うはずがないからです。

僕は「手相」のイメージが強いかもしれませんが、実はそれ以前から「怪談」「パワースポット」「都市伝説」には興味があり、僕の強みとしていました。

すべて仕事というよりも僕自身が好きで、時間を忘れて勉強できることばかりだから、勉強しただけ身になります。

そして身になっているぶん、それぞれのジャンルのファンの期待に応えうるものになっているのではないかな……、と思います。

今の自分からもう1つ脱皮する突破口を探しているときに、人は往々にして「流行っているもの」や「突飛なアイデア」に飛びつきがちではないでしょうか。

でも、本当に、もう1つ自分を脱皮させてくれるものは、たぶん、自分にとって未知の世界にはありません。

そのタネは、すでに自分のなかにあります。

どんな花が咲くかもわからないタネを外から移植してくるのではなく、すでに自分のなかにあるタネを見つけ、水をやり、育てていく。そういう努力をする人には、いつかきっと、運が強い味方になってくれるでしょう。

◉「ウィン・ウィン・ウィン・ウィン」で考える

自分と相手の両方のメリットになることを「ウィン・ウィン」といいますね。

最近、僕がつくづく思っているのは、**仕事で成功するには、「ウィン・ウィン」にプラスして、もう1つ「ウィン」、さらにもう1つの「ウィン」が必要**だな、ということです。

近江商人の哲学「三方よし」のように、**自分と相手、そして世間の3者にとってメリットになる「ウィン・ウィン・ウィン」に加えて、もう1つ未来への「ウィン」を考えなくては、瞬間的にバズることはあっても、ずっと活動の場を保っていくのは難しい**でしょう。

今、僕は怪談のYouTubeチャンネル「島田秀平のお怪談巡り」を持っています。

ありがたいことに、チャンネル登録者数が51万2000人（2022年10月時点）を超え、多くの方が視聴してくださっています。

このチャンネルでは、若い怪談師をゲストとして招き、怪談を語ってもらうという回もあります。自分でもYouTubeチャンネルを持っている人が大半なのですが、「お怪談巡り」に出演いただいた後には、軒並み登録者数が激増しています。

自分で言うのもなんですが、たぶん「お怪談巡り」は、チャンネル登録者数で言うと、怪談系YouTubeチャンネルのなかでは最大の1つでしょう。

だから、ゲストの怪談師も「チャンスきた！」とばかりに気合いを入れて、自分のレパートリーのなかでもとっておきの怪談を披露してくれます。

すると「お怪談巡り」のクオリティが上がり、再生数が伸びます。つまり、怪談ファンの間で僕のチャンネルがバズる。これが、1つめの「ウィン」。

また、披露された怪談がおもしろければおもしろいほど（怖ければ怖いほど）、「お怪談巡り」で見た怪談ファンは、そのゲスト自身のYouTubeチャンネルに飛んで、ほかの怪談を視聴したり、チャンネル登録したりします。

つまり、ゲストの怪談師がYouTuberとして1つ大きくなれる。これが、2つめの「ウィン」。

そして、「お怪談巡り」を見ているのは、当然、怪談ファンばかりです。ゲストの怪談がおもしろければおもしろいほど（怖ければ怖いほど）、「お怪談巡り」の視聴者はいっそう楽しむことができるし、新たな怪談師を発見することもできます。

つまり、怪談ファンの方々の楽しみが増える。これが、3つめの「ウィン」。

さらに、怪談系YouTubeチャンネルが増え、怪談ファンも増えていくことで、怪談界の未来が盛り上がり、より良い方向へと成長していける。これが4つめの「ウィン」。

というわけで、僕自身、ゲスト、怪談ファン、怪談界の4者にメリットがあるようになっているようなのです。

YouTubeは、今や、競合者がめちゃくちゃ多いレッドオーシャンです。「わざわざ同業者を登場させたりなんかしたら、自分のお客さんが奪われてしまうんじゃないか」

と考えてしまう人もいるかもしれません。

でも、少なくとも僕は、そうは思いません。

特に新型コロナウイルスのパンデミックの影響で、リアルな公演が軒並み中止になるなか、YouTubeに活路を見出す演者は多かったと思います。

「怪談」を看板の1つとしている僕としては、これで怪談界がシュンとしてしまうのは避けたい、何とか盛り上げたいと思っただけ。そこで、はからずも「ウィン・ウィン・ウィン・ウィン」の番組運営ができるようになっただけなのです。

もちろんチャンネル登録者数50万人を超えるほどにまで「お怪談巡り」を育ててくれた、怪談ファンのみなさんのおかげなんですが（涙）。

「お怪談巡り」に登場してくれるゲストは、それぞれ個性的です。僕が好きに怪談を語るだけでなく、いろんな怪談師に出会える場をつくることで、怪談ファンの方たちの期待にお応えし、少しは恩返しもできているのかもしれません。

また、これは、もちろん「お怪談巡り」への出演を「ここ一番」と受け止めて、ちゃんと念入りに準備して臨んでくれる怪談師のみなさんのおかげでもあります。

みな、なかなかチャンネル登録者数が伸びないなかでも、スポットライトが当たったときに本領を発揮できるよう、日ごろから腕を磨いているわけです。

うまくいかない時期に腐らないことが、いかに重要かが、ここでもよく伝わってくるのではないでしょうか。

3章

不運の捉《とら》え方、考え方

——気にしない、引きずらない人には運がつく！

◉「運が悪い」は、ぶっちゃけ「思い込み」？

そもそも人は、どんなときに「運が悪い」と思うのでしょう。

出かけようと思ったら雨が降り出したとき？

駅前の赤信号につかまって、乗ろうと思っていた電車を逃してしまったとき？

限定50食のラーメン店に並んでいたら、自分の目の前で売り切れてしまったとき？

たとえば、こういうことを「なんて運が悪いんだ」「ちぇ、ツイてないな」と思うとしたら、逆に、どういうときに「運がいい」と思えるのでしょうか。

宝くじでそこそこの高額当選をするとか、福引きで一等賞が当たるとか……、そんなラッキーが起こらない限り、「運がいい」とは思えないのでしょうか。

何が言いたいかというと、何を不運と捉えるか、何を幸運と捉えるのかは、人それぞれなのではないか、ということです。

先ほど挙げた例を、もう一度、見てみましょう。

出かけようと思ったら雨が降り出したときに、「ちぇ、ツイてないな」ではなく「今、降り出してくれたおかげで、出先で濡れなくて済んだ。よかった」と思う人もいるはずです。

では、この人が、赤信号のせいで電車に乗り遅れてしまったら、あるいは食べたかった限定50食のラーメンが目の前で売り切れてしまったら、どう思うでしょう。

たしかに「しまった！」「残念！」とは思うかもしれませんが、しょせんは、「それだけのこと」なのです。「運が悪い」「ツイてない」と舌打ちして、天を恨むことはないでしょう。

こんなふうに物事を捉える人は、自分を不運と思うことが、ほとんどないに違いありません。

もっと言えば、別に宝くじで高額当選しなくても、福引きで一等賞が当たらなくても、何気ない日常のなかで、しょっちゅう「よかった、運がいいな」と思うことができているわけです。

僕にもちょっと覚えがあります。

以前、義理の弟に新車を貸したら、彼が派手にぶつけてしまって、修理のために2ヶ月ほど乗れなくなったことがあります。しかも、その1度だけでなく、その前にも車を貸したことがあり、そのときにもぶつけてしまったことがあったのです。

はたから見たら不運な出来事、あるいは「1度やられているのに、また貸すなんて懲りないやつだな」と思われるかもしれません。

でも、僕は特に「運が悪い」「ツイてない」とは思いませんでした。

僕は単に「車を使いたい」という義弟に貸しただけです。

ぶつけられたことに対しても、最初の反応として「うわ、やってくれたな～」とは思いましたが、すぐに「これで厄落としできたってことかな」という捉え方に落ち着きました。だから、後腐れもありません。

そう考えると、**ある出来事が不運かどうかを決めるのは、結局のところ、自分自身**

ではないかと思えてきます。

捉えようによっては、世の中に「不運」なんてものはない。ぶっちゃけ、「不運」は「気のせい」と言ってしまってもいいくらいではないかと思うのです。

こんな身もフタもないことを言われても、そう簡単には納得できないかもしれませんね。実際、「運が悪い！」としか思えないような出来事が、たくさん起こるのが人生じゃないか、なんて思った人もいるでしょう。

でも、**僕が5万人の手相を見てきたなかで、成功者や大物と言われる芸能人の方たちほど、一見不運に感じられる出来事に対しての切り替えが早いんです。下手したら、10人中9人が「それは不幸」と言いたくなる出来事でさえ「え？　なんで？」と気にしてさえいない。**だから僕は、**「不運を気にしない」「不運からの切り替えが早い」というのは、強運を引き寄せるうえで、とても大切な要素**だと確信しています。

そこで本章では、どうしたら、今までは「不運」と思っていたことを「不運」と捉えずに済むのか、という話をしていきたいと思います。

ものの見方、考え方を少し変えて、たいていのことは気にしない、引きずらない。いろんな人たちの話を聞き、また自身が体験するなかで、「これは効果的」と僕が思えた物事の捉え方や、嫌な出来事があってもサッと気持ちを切り替える練習法を紹介していきましょう。

◉「どこかでバランスが取れている」と考える

立て続けに好ましくないことが起こると、「ツイてないな」って思いますよね。

しかも、そういうときほど周りがうまくいっているように見えて、自分ばかりが運に見放されているかのような孤独感、絶望感を抱えてしまう。それが人情というものなのでしょう。

でも本当に悪いことしか起こらない、なんていうことは、ほとんどありえません。

悪い出来事のインパクトが大きすぎて見過ごしているだけで、一方では、いいこともたくさん起こっているはずなのです。たとえば、今日こうして健康に生きていることだって、いいことですよね。

逆に、たとえ周りの人たちがうまくいっているように見えても、いいことしか起こっていないわけではないでしょう。うまくいっている部分が目立っているだけで、どこかで人知れず涙を流しているかもしれません。

いいことも悪いことも起こるのが人生です。

しかも、これらはコインの裏表のように、たいていは同時多発的に起こっています。

要するに、「どこかでバランスが取れている」と考えれば、たとえ悪いことが起こっても、とりたてて恨まずに済むようになるんじゃないかと思うのです。

うまくいっているように見える人と自分を比べて、嫉妬にかられたり、苦しくなったりすることも減っていくでしょう。

たとえば僕は、いっとき、よく財布を落としていました。ひどく酔っ払っていたとかではなく、普通に行動していたはずなのに、気がついたら財布がない……ということが続いたのです。

新幹線の車中で落とす。道を歩いていたときに落とす。はたまた京都の二条城のお堀にいる鯉にエサを上げていたら、上着のポケットから財布がスルリと滑り落ちてドボンと沈んでいった、なんていうこともありました。

そんなに何度も財布を落としたら、「ツイてないな」と落ち込み、「自分はなんてマヌケなんだ！」と自責の念にかられそうです。

でも、もともと「ものを落とすのは厄落とし」という話は聞いていたので、そう考えるようにしました。実際、財布をよく落としていた時期は、ちょうど手相の仕事が増えていた時期と重なっていたのです。

こういう経験もあるので、**嫌なことが起こったとき、僕は「このぶん、どこかでバランスが取れてるんだろうな」と受け取る**ようになりました。

嫌なことには違いないので、もちろん「喜ぶ」まではできません。でも、**運のバランスを意識すれば、少なくとも落ち込みすぎたり、不機嫌を周囲に撒き散らしたりすることは避けられる**気がしているのです。

◉悪いときは「運のせい」、いいときは「おかげさま」

仕事や人間関係で、よくないことが起こったときに、矛先が「自分」に向かってしまう人も多いと思います。

「自分の能力が低いからだ」「自分が嫌われているからだ」「自分の努力が足りなかったからだ」――こんなふうに自分を責めがちな人は、むしろ「運がなかったせい」「ご縁がなかったせい」にするほうが、気持ちを切り替えやすいでしょう。

自分の力では抗いようのない運が、その出来事を起こしたのだと考えると、ある意味、諦めがついて、「次」に意識を向けることができるからです。

さっきは「世の中に不運なんてものはない」と言っていたのに、ずいぶん矛盾することを言うじゃないかと思ったかもしれませんね。

一番大事なのは、僕たち一人ひとりが、より前向きに生きていくことです。

そのために、「運」「不運」というものを、自分に都合のいいように解釈する。「不運のせい」だと考えて、自分がネガティブになってしまうようなら、「そもそも不運なんてものはない」と考え、切り替えるようにする。

「自分のせい」だと考えてネガティブになってしまうようなら、「（自分のせいじゃなくて）運のせいだ」と考えるようにする。

大事なものが壊れてしまったときや、欲しかったものが手に入らなかったとき、やりたかった仕事が別の人に行ってしまったときなども、同じです。

「そろそろお役目を終えて壊れる運命だった」「そのモノ（その仕事）とは縁がなかった」「それだけのこと」と考えれば、引きずらなくて済むでしょう。

なかなかうまくいかないときに、より前向きに生きられるようになるためならば、こんなふうに、運を都合よく捉えてもいいのではないでしょうか。

では逆に、うまくいっているときは、どう考えたらいいでしょう。

ずっと活躍されている先輩や、ビジネスで大きな成果を上げている方とお話ししていると、「おかげさまで」という言葉をよく聞きます。「自分はすごい」と居丈高《いたけだか》なことを言う成功者には、ほとんど出会ったことがありません。

人目をはばかって謙遜している可能性もありますが、僕の目には、心から「おかげさまで」と言っているように映るのです。

「おかげさまで」――運に恵まれたこと、人に恵まれたこと、すべてを指す素敵な言葉です。うまくいっているときに「運のおかげ」「人のおかげ」と考えられる人だからこそ、長く成功していられるのではないかと思います。

ここで思い出されるのは、「経営の神様」と呼ばれる松下幸之助さんの、ちょっと変わった面接法です。

新卒採用のときに、松下さんは必ず「あなたは運がいいと思いますか?」と聞き、「はい」と答えた人を採用していたといいます。

松下さんが見極めようとしていたのは、「自分は運がいい」と思えるポジティブさがあるかどうか。これに加えて、「今の自分があるのは、自分ひとりの力ではない」

という謙虚さや、素直に感謝できる気持ちがあるかどうか、だったのでしょう。

僕が実際に見てきたなかでは、運がいい人の共通点は、よくないことが起こったときに気持ちの切り替えが早いこと。

そして、うまくいっているときに偉ぶったりせず、ヒト、モノ、コトのめぐり合わせに感謝できること。

だから、**悪いときは「運のせい」と考えて気持ちを切り替え、いいときは「おかげさま」と考えて周囲への感謝を忘れないことも、運とうまく付き合い、開運させていく秘訣**だと思います。

◉気持ちを切り替え、運気を上げる儀式

「運が悪い」「ツイてない」というのは、ぶっちゃけ「思い込み」ですから、たいていのことは気にしない、引きずらないのが一番です。

少し悪いことが重なると、ふだんは特に信心深くもないのに、そのときだけ、人智を超えた力に理由を求めたくなるときもあるでしょう。「きっと○○したバチが当たったんだ」というように。

そうなると、すべてを悪いほうに捉え、結びつけ、そのネガティブな思考が、また悪いことを引き寄せるという悪循環が始まってしまう恐れがあります。

そもそも**「運が悪い」というのは思い込みに過ぎないのだから、こうしたネガティブの連鎖は、早いうちに断ち切るに越したことはありません。**

だから、気にしない、引きずらない。といっても、頭のなかだけで処理するのは難

しいと思うので、何か、そのための儀式を決めておくといいでしょう。

どんなことが起こっても、人生は続いていきます。

そして人生は選択と決断の連続です。

1つひとつの些事《さじ》にかかずらっていてはキリがないし、前進できません。

たいていのことは気にしない、引きずらない。そのための儀式が、嫌なこともたくさん起こるなかで、前向きに人生を築いていくことをサポートしてくれるでしょう。

・お祓いに行く

古来、悪いことが続いたときや、悪いことが起こるとされる厄年に、お祓いをする風習があるのは、先人たちの知恵です。

こんにちまで続いているのは、もちろん、何かしら神秘的な効果があるからに違いありませんが、「お祓いしたから、もう大丈夫」という心理的効果が得られる、といった意味合いも大きいのではないでしょうか。

こうした先人たちの知恵にあやかって、神社やお寺でお祓いをしてもらうというのも手でしょう。
これが少し大掛かりすぎると感じるのであれば、次のように自分でできる儀式を決めておくだけでも、気の持ちようがだいぶ変わると思います。

・「ま、いっか」を口グセにする

運がいい人には、「ま、いっか」が口グセになっている人が多い、と聞いたことがあります。

嫌なことが起こっても、このひと言でうまく気持ちを切り替えているから、結果として、物事がうまく運ぶことが多いのでしょう。今までにもお話ししてきたように、運がよくなるかどうかは、何よりも自分の意識と行動次第だからです。

「ま、いっか」は、日常的に起こるちょっとした不運、ついグジグジと引きずってしまいそうな失敗をしてしまったときなどには、とても効果的だと思います。

自分が発した言葉は、自分に返ってきて、自分のなかで響きます。

声に出した瞬間は「ま、いっか」と思えなくても、このひと言が自分のなかでこだ

苦手な人との間に「結界」を張る

ますると、本当に「ま、いっか」と思えるようになるに違いありません。

・苦手な人との間に「結界」を張る

会議や飲み会の席次で、苦手な人の隣になってしまったときにおすすめなのは、「結界」を張ることです。といってもすごく簡単で、その人との間に、「物理的に一線引けるもの」を配置するだけです。

たとえば会議だったら「ペン」、飲み会だったら「おしぼり」を、その人と自分の間に置く。それだけで結界が張られて、自分を守ることができます。「結界に守られている」と心強く思えることが、一番の効果といってもいいかもしれません。

「恥を知れ」という言葉がありますが、一説によると、これはもともと「端を知れ」という意味だったそうです。「端」とは、1つの世界と別の世界の「境界線」があるところ。転じて「人との間の境界線を知れ」「適度な距離感をわきまえろ」という意味から「恥を知れ」という言葉が生まれたという説があるのです。

たまに距離感のセンスが劇的に欠けている人っていますよね。無神経に自他の境界線を踏み越えて、急に距離を詰めようとする人です。

そういう人に出会ってしまったときにも、「結界」を張るのは効果的です。ペンやおしぼりが使えない状況だったら、さりげなく、その人との間に手でサッと線を引くような仕草をするだけでもいいでしょう。文字どおり「一線を引く」ことで、心理的に一定の距離を保つことができます。

・「ベッドの下」を掃除する

自分が本当の「素」「無防備」な状態になる寝室は、風水的に、とても重要な場所とされています。

寝ているときは、よくも悪くも素の自分がダダ漏れになります。

特に何かとうまくいっていない時期のネガティブな思考や感情は、寝ている自分から漏れ出て、マットレスを通過し、ベッドの下に溜まると言われているのです。

それにベッドの下って、少し放っておくだけでホコリが溜まりますよね。

素の自分、無防備な自分が一定の時間を過ごす場所を、清潔に保つに越したことはありません。ベッドの下には、ホコリと一緒に自分のネガティブ思考やネガティブ感情が溜まっていると考えて、今よりマメに掃除する。この習慣をもつだけでも、寝室内の気の淀みが取り除かれ、運が動きだすでしょう。

・「縁起のいい数字」を取り入れる

「突然ですが占ってもいいですか?」などにも出演されている「琉球風水志」のシウマさんによると、数字の「15」「24」「31」「32」「52」は、琉球風水で大吉数とされているそうです。

運気を上げる儀式として、この数字を日常に取り入れるのもいいと思います。

好きな人や仕事相手に電話をかけたりメールを送ったりするときには、この数字が入った時間に送信。すると、人間関係がうまくいきやすくなるでしょう。

逆に、嫌いな人や苦手な人に連絡を取らなくてはいけないときに、この数字が入った時間に送信すれば、「結界」のように自分を守ってくれます。

また、この時間が入っている時間にアラームを設定すれば、一日が大吉数と共に始まり、運気アップにつながるでしょう。


また、「時間」で思い出したのですが、シウマさんによると「キリのいい時間（00分、30分など）」に何かを始めるのは、あまりよくないそうです。キリはよくても、「0」は何を掛け算しても「0」のまま、つまり「何も生み出さない数字」とされているからです。

ですから、一日の始まりである目覚まし時計や、大事な会議の開始時間など「何かの始まり」になる時間は、あえて「01分」「31分」に設定するといいようです。

◉思いどおりにいかないのが人生、そう思っている人は強い

人生は予期せぬことの連続です。すべて思いどおりに事が運ぶなんていうことは、そうそうありません。

それなのに、僕たちは、つい思いどおりになることを期待してしまう。何かを計画して準備して……という労力を払ったぶん、「思いどおりになる」という対価を欲してしまうんですよね。

でも実際には、計画や労力の一定割合は水泡に帰すのが常です。

それが人生であることを本当に理解し、受け入れている人のほうが、たくましく生きていけるでしょう。

そういう姿勢を、僕はバラエティ番組で学んだ気がします。

バラエティ番組の出演が決まると、構成作家の方が書いた台本や収録日の席次などが送られてきて、ディレクターさんなど制作サイドの方と打ち合わせをします。

せっかく呼んでいただいたのだから、当然、最高におもしろい番組になるように精一杯、自分の役割を果たしたい。だから、まず入念に準備をします。

たとえば僕の場合、よく「ここで誰々の手相を見る」というくだりがあります。

でも、ひょっとしたら収録当日の流れで、台本で指定されている以外の人の手相も見ることになるかもしれません。その流れに最大限に応えられたら、必然的に僕の出番も多くなるので、出演者全員の手相を研究して収録に臨みます。

また、ご一緒する方々のメンツや自分が座る位置から、考えうるトークもシミュレーションします。

「この人とは、こういう絡み方ができるんじゃないかな」

「この台本の流れだと、MCの人がこの人に話を振って、この人はこういう話をする。じゃあ自分は、あのエピソードを乗っけられるかもしれないな」

こんなふうに、ひととおり自分のなかで流れを組み立ててみるのです。

とはいえ、すべては当日、収録が始まってみないとわかりません。手相を見るように指定された以外の人どころか、その場の雰囲気や時間の都合で、指定された人の手相すら、全部は見られないかもしれません。

本番のトークの流れが、僕のシミュレーションどおりにいくどころか、まったくかすりもしないかもしれません。

それくらいバラエティ番組の現場って流動的で、予想がつきにくいものなのです。

生身の人間、それも大半が「話すこと」のプロであり、それぞれの関わり方で何とかおもしろい番組にしたいと思って自由に動き回るわけですから、予想がつかなくて当たり前です。

そこで「この話をしよう」「このギャグを披露しよう」という自分の思惑にこだわって、無理やりねじ込んだらどうなるでしょう。自分に課したノルマを達成したというだけで、場の流れを汲んだ動きではないため、大スベリする可能性が高いのです。

そもそも台本どおりにいかないところにこそ、「神回」が生まれる可能性があるというのは、前にもお話ししたとおり。

自分の思いどおりにならないたびに、「あんなに準備したのに……」なんて落ち込んでいたら、とても身がもちません。

だから、**いつでも準備は100パーセントのつもりでやって、そのうち10パーセントも生かせれば万々歳**――バラエティ番組の場数を踏むなかで、いつしか、こういう姿勢ができあがりました。

この姿勢は、企業などで講演させていただく際にも役立っています。

要望されたテーマに沿って、まず構成を細かく考えますが、それに縛られすぎると、聞いている人たちを置き去りにする恐れがあります。

実際にその場に立ってみて、聞いている人たちの顔を見て雰囲気を感じて、それに対する自分のレスポンスとして語っていったほうが、はるかにメッセージは伝わりやすくなるでしょう。

「生身の人間同士が相まみえる場」という意味では、聞いている人たちに一方的に語りかける講演も、MCとゲスト出演者とで一緒になってつくりあげるバラエティ番組も同じです。

だから、念入りに考えた構成はいったん脇に置き、あえて「まずこれを言って、次にこうもっていって、最後はこう締めたらいいかな」「準備したうち1割も言えればいいか」くらいのざっくりした意識で、当日、人前に立つことが多いのです。

思いどおりにならないことにイライラしたり悲しくなったりするたびに、運の動きは滞ってしまいます。「思いどおりにならないのが人生」という基本姿勢でいることも、「不運」にとらわれずに運気を上げることに直結しているのです。

◉ピンチのときこそ、がんばりどころ

「ピンチはチャンス」なんて言いますけど、いざピンチがやってきたら、なかなかそんなふうに思えないかもしれません。

では、「ピンチのときこそ、がんばりどころ」と考えてみるのはどうでしょうか。「チャンス！」とまではポジティブ転換できなくても、「今、がんばれるかどうかで未来が変わる」と思えば、「よし、いっちょうがんばるか」って、何とか前向きに凌げる気がしませんか。

チャンスがやってきたときは、すぐにつかまないと逃してしまう。これはよく言われることですが、ピンチのときも、早く行動を起こすに越したことはありません。

「運ばず」が本当の不運だと考えれば、むしろ「行動」の素早さがものを言うのはピンチのときのほう、と言ってもいいでしょう。

たとえば大きなミスをしたときに、ずるずると後回しにしたり逃げたりせず、しっかり向き合って対処することが、ミスをカバーした以上の結果につながる場合が多いと思います。

ピンチに直面すると、どうしたらいいかわからず、うろたえる。頭が真っ白になって、体がすくんでしまう。反射的にそうなるのは仕方がありませんが、問題は、この一瞬のフリーズの後にどうするか。

「ま、これもいい経験だったよね」なんて開き直るだけだったら、同じようなミスを繰り返す可能性が高いでしょう。かといってグジグジと後悔するばかりでは、自分は何も変わらないし、運気も上がりません。

大事なのは、「後悔はしないが、反省はする」ことだと思います。

後悔からは何も生まれませんが、反省からは、「今、どう対処すべきか」「今後、どうしていくべきか」という次善策が生まれます。

そのために行動するようになります。

ピンチのときの反省は、「運ばず」を避け、自分を動かす原動力となるわけです。

成功している企業のエピソードでも、クレーム対応が素晴らしかったために、クレーマーがファンに変化したとか、ファンが増えたといった話はよく聞きますよね。

僕のYouTubeチャンネル「お怪談巡り」でも、先日、こんなことがありました。例のごとくゲストの怪談師に怪談を語ってもらったのですが、その内容に、特定の人たちをひどく傷つける表現が含まれていました。収録中に少し違和感はあったのですが、そのまま流してしまいました。

すると配信直後から、今までに見たことがないくらい、コメント欄に批判の声が寄せられ始めました。なかにはかなり激しい非難の言葉も見られました。つまり炎上してしまったのです。

あまりのネガティブな反響に一瞬、ひるみましたが、これはチャンネル管理者である僕の責任です。当日中に、次のような謝罪文をコメント欄にアップしたのち、その怪談動画を削除しました。

「今日の動画に、当事者ならびにご家族の方々に対し配慮に欠ける表現がありました。

僕の勉強不足で、みなさんに不快な思いをさせてしまったこと、心からお詫びします。これ以上、不快な思いをされる方が出ないよう、この動画は削除します。今後、このようなことがないよう、僕自身、もっと勉強していきたいですし、動画にあったような誤った認識や当事者を傷つける表現が世間に広まらないように、活動していきたいと思っています」

スタッフのなかには、僕を気遣って「島田さんが謝ることではない」「炎上するたびに謝っていたらきりがない」と言ってくれる人もいましたが、僕は、それはちょっと違うと思ったのです。

そうしたら、今度は一転して、好意的なコメントがたくさん入ってきました。

対応の素早さを褒めてくださるコメント。「自分が言ったことではないのに謝罪したこと」への労《ねぎら》いのコメント（僕のチャンネルで起こったことなので、僕が謝罪文を載せるのは当然です）。「これからもがんばってください」という応援のコメント。結果的に視聴者のみなさんとそれまで以上の絆を深めることができたのです。

まずはホッとし、ありがたく思うと同時に、「しくじったときこそ、がんばりどころであり、行動は早ければ早いほどいい」ということを、身をもって実感しました。

ピンチのときに奮起できると、経験値やスキルを上げることができます。経験値やスキルが上がれば、それだけ周囲の評判は上がるでしょうし、チャンスにも恵まれやすくなるでしょう。

ピンチのときこそ、がんばりどころ。そう心得て、少し怖くても自分を動かせば、運を動かし、幸運を引き寄せることができると思います。

◉欠点は「欠けている点」ではない？

マンガ家の井上雄彦《たけひこ》さんは、すべてのキャラクターに何かしらの欠点をもたせているそうです。

たしかにリアルな人間は、誰も完璧ではありません。

だから完全無欠のスーパーマンよりも、「かっこいいけど、どこか抜けている」「単純バカだけど、ここぞというときに力を発揮する」というキャラクターのほうが、多くの人の心をつかみ、ずっと愛されるのでしょう。

それは『SLAM DUNK（スラムダンク）』の桜木花道《はなみち》や流川楓《るかわかえで》などのキャラ設定、『バガボンド』の宮本武蔵、佐々木小次郎などの描き方を見ても、うなずける話です（ご存じない方は、ぜひ読んでみてください）。

現実にも、いつも完璧な仕事ぶりで周囲から尊敬されている、それだけに少し近寄りがたい人が、ふと飲みの席などで「うちの奥さん、怖くてさ……」「この間、飲みすぎて大失敗しちゃったんだ」みたいな話をしたら、一気に親近感が湧くでしょう。

さて、なぜ急にこんな話をしたのかというと、「欠点」があるのは決して悪いことではない、ということを改めて感じているからです。

そういえば、**「人は長所によって尊敬され、短所によって愛される」**という言葉も聞いたことがあります。本当にそうだなと思います。

「欠点」とは、「欠けている点」「満たさないといけない点」ではなく、「欠かせない点」「それをもって自分という人間が満たされる点」。そう言い換えたほうが、はるかに実情に近くなるのではないでしょうか。

いわば欠点は「自分を自分たらしめる個性の一部」なのだから、解消する必要はないのです。それが度を越して人を傷つけたり、犯罪に発展したりするのは避けなくてはいけませんが……。

そういう考えが根本にあるので、僕は手相を見るときにも、特に欠点は取り上げません。一見、欠点と受け取れる線があっても、裏を返せば、そのキャラを満たす長所と言えるのです。

いくつか例を挙げますね。

「子どもっぽい性質（飽きやすい、甘えん坊）」を示す「よちよち線」は、ずっと好奇心旺盛で、年を重ねても若々しいということ。

「自分大好きな性質」を示す「ナルシスト線」は、自分の見せ方がわかっているということ。美的センスが高くておしゃれな人も多い。

「天然でズレている性質」を示す「不思議ちゃん線」は、その人がいるだけで周りが癒やされるということ。ピリピリしたムードを和ませる天才。

「頑固で不器用で、素直に謝れない性質」を示す「謝りま線」は、正義感が強くて曲がったことが嫌いな、熱い心の持ち主ということ。

手に細かいシワがいっぱいあるのは、「何かと考えすぎてしまい、傷つきやすい性質」を表す反面、感受性が強いということ。手の線の数は心のアンテナの数とも言われているため、傷ついている人や困っている人にいち早く気づいて助けてあげたり、細や欠点は裏を返すと長所になる！

かな気遣いができたりする人が多い。

——という具合です。

特に運気の停滞期は、なかなか物事がうまくいかないばっかりに、「自分は何がいけないんだろう」「こういうところを直さなくちゃいけない」などと、自分の欠点にフォーカスして悩むことも多くなりがちです。

そんな時期こそ、「欠点は欠けている点ではなく、欠かせない点なんだ」と、発想を転換するのはどうでしょう。

欠点とは、本当は生かすべき「自分の持ち味」であり、「魅力の源泉」であるといってしまってもいいと思います。

だから、**欠点は解消しなくていい、隠さなくていい、むしろ、どんどん見せちゃっていい。とかく欠点に目が向きがちな停滞期は、いろんな欠点のある自分をも丸ごと受け入れ、「愛し直す」いい機会にもなる**はずです。

◉「運が悪い！」ときこそ初心に返るタイミング

うまくいってばかりだと、つい初心を忘れがちです。

そう考えると、**「運が悪い！」と思ったときこそ、初心を思い出し、「よし、またがんばろう」って思えるいい機会**かもしれません。

運が低空飛行のとき、ちっとも物事がうまくいかないときに、自然と初心に立ち返ることができたら上出来です。ただ、なかなかそんな気持ちになれないときもあると思うので、あえて、その機会をつくるのもいいでしょう。

それには、「自分の足跡を辿る旅」をするといいと思います。

具体的に言うと、今まで自分が住んできた土地を、可能な範囲でいいので、めぐってみるのです。

僕は、長野から東京に出てきてから、6回、引っ越しをしました。

最初は、「東京でお笑いといえば浅草だろう」ということで決めた浅草に近い墨田区の4畳半のアパート。次は先輩に借りた新大久保の古いアパート。それから町田に引っ越し、次の川崎で初めて、鉄筋コンクリートのマンションに住めるようになりました。

そして次は参宮橋。都心の一等地に近づいたぶん、アパート住まいに戻りましたが、次に引っ越した代々木の住まいは、マンションでした。さらに結婚して今の家に落ち着き、合計6回です。

あるときふと思い立ち、1日かけて、墨田区から代々木を順にめぐったことがあります。特に低迷期だったわけではないのですが、なんだか「呼ばれている」気がして、「全部めぐろう」と思ったのです。

行く先々で、その土地に住んでいた当時の自分を思い出しつつ、「今は、どんな人が住んでるんだろう」なんて想像したり、よく行っていた定食屋さんで昼食をとったりしました。

当時の建物がそのまま残っていたところもあれば、別のマンションに建て替えられているところもありましたが、どの土地に行っても、当時の自分が感じていたこと、考えていたこと、もがいていたことなどが鮮明に蘇ります。

まさに初心に返った感覚がありました。そして帰路につくころには「また、がんばろう」という気持ちが湧き上がっていたのです。

ポイントは自分が歩んできた足跡を辿ることですから、住まいに限らず、通っていた学校や、過去に働いていた会社などでもいいでしょう。

もうお気づきかもしれませんが、これも「運ばず」を避け、自分を動かすということです。**「過去の足跡を辿る」という行動を起こすことで初心に立ち返り、「また、がんばろう」って思えたら、自然と運気も上がる**に違いありません。

4章

停滞期は、どう行動したらいい？

――上昇期に大きく花開くよう、やっておきたいこと

◉「停滞期＝経験を積み、準備を進める時期」と考える

よくないことが起こると、人は「運が悪い」「ツイてない」と感じますが、実は「不運」なんてものはない。なんなら「気のせい」ではないか、と前章でお話ししました。

とはいえ2章で紹介したとおり、運気にはバイオリズムがあり、上昇期と停滞期を繰り返しています。

もう一度、**誤解のないように言っておきますが、「上昇期＝何をやってもうまくいく幸運期」「停滞期＝何をやってもうまくいかない不運期」ではありません。ただ、それぞれの期間でやるべきことが違うだけ**なのです。

そこで本章では、特に運気の停滞期に、具体的にどんなことをしたらいいのか、お話ししていきましょう。

運気の停滞期は、何か勝負に出て運を開くというよりは、やがてめぐってくる上昇期に向けて着々と準備を進める期間です。

仕事面でのインプットを増やしたり、プライベートで新しいことを経験してみたり、利他的な行動を取ったり、といったことが、すべて上昇期の糧になります。やはり「何もしてはいけない時期」ではないわけです。

仕事だと、停滞期にまいておいた種が、上昇期に入ったあたりで急に開花する可能性が高いでしょう。

また、停滞期には、自分の能力や人脈などを出し惜しみしないことも大切です。

「私、そういうこと、できますよ」

「私、そういう人、紹介できますよ」

このように、誰かが求めているものを自分が提供できると思ったら、快く差し出すというのも、運気の上昇期のチャンスにつながります。

心がケチな人、誰にも分け与えない人は、人からも何も分け与えてもらえません。

停滞期は「守り」の時期であり、自分の特技や人脈を流出させないほうがいいと思

いがちですが、**実は正反対**なのです。

「これも糧になる」と思って、求められたら惜しみなく応じるようにするほどに、きっと上昇期の運の爆発力も大きくなるでしょう。

◉停滞期の「恋愛」「結婚」、どうすればいい？

「停滞期は準備期間」というのは、恋愛も同じです。

まず、**いずれ訪れるモテ期に向けて自分磨きに精を出すというのは、イメージしやすい「準備」**でしょう。**もう1つ付け加えたいのは、あえてマッチングアプリを使ってみたりして、いろんな人と「軽めの恋愛」をすること**です。

何事も実際に経験することで明らかになるものです。**停滞期はインプットの時期と言ったように、自分のなかの「恋愛」のフォルダに、いろんな人との恋愛経験から得られるデータをインプットしていく**のです。

真剣な付き合いはさておき、極端な言い方をすれば、ちょっと「火遊び」的な恋愛をしてみる。すると、たとえば「つい心惹かれてしまうけれど、恋愛、ひいては結婚に適さない人」もいるなど、恋愛のリアルが身にしみてわかってくるでしょう。

こうして自分に合う人、合わない人を見極める眼力がつき、上昇期に入ったときに、すんなりといい出会いにつながる可能性が高くなるのです。

一方、停滞期にトントン拍子で恋愛が結婚に発展するケースもあるでしょう。本当は上昇期まで待ったほうがいいのですが、相手の都合などで、それが通らないこともあると思います。そうなったら、迷いは振り切って結婚するのが吉です。ただし、その後、何か気に入らないことがあったときに、「停滞期に結婚したからうまくいかないんだ」と思ってしまわないよう、「停滞期は準備期間」ということは、覚えておいて損はありません。

結婚後、何もかも絶好調とはいかないかもしれません。しかし、そもそも停滞期は準備期間なのですから、一緒に上昇期に向けて準備をしていると考えてください。

そう考えれば、結婚後に衝突することがあっても、相手の声にも耳を傾けつつ、一緒によりよい関係、よりよい結婚生活を構築していけるでしょう。

◉「5つの看板」を掲げる準備をする

停滞期は準備期間。この基本的な考え方のもと、上昇期に向けて仕事の可能性を広げるために、ぜひ意識してみていただきたいことがあります。

それは「看板を増やす」こと。

今、みなさんは、どんな看板で仕事をしていますか？

「自分の看板」と言えるものは、いくつあるでしょうか？

もし「ずっと1つの看板でやってきた」というのなら、**停滞期にこそ看板を増やす準備を進める**といいと思います。

振り返ると、僕は「手相占い師なのか、怪談の語り部なのか、都市伝説に詳しい人なのか、そもそもお笑い芸人なのか――やっていることがありすぎて、何者なのかわからない」と言われてきました。

「何者なのかわからない」というのは、言い換えれば、看板が複数あるということ。「1つに絞ったほうがいいのかな」と少し思ったこともありますが、今では、これでよかったと思っています。万が一、1つの看板がダメになっても、別の看板で仕事ができるからです。

こういう考え方は、「この道ひと筋、何十年」みたいな生き方を重んじる価値観とは相容れないものでしょう。もちろん1つのことを極めるのは、並大抵の努力ではありません。本当にすごいことだと思います。

その一方、**生き方も価値観も多様化している時代には、「つぶしがきく」というのも、1つの生き残り戦略になりうる**のではないでしょうか。

実際、NSC（吉本総合芸能学院）の講師陣は、最近、よく「5つの看板をもちましょう」という話をします。

以前は、芸人というと「ライブで結果を出す→ショーレースで結果を出す→ひな壇に並ぶ→冠番組を持つ」という道を歩むことが一番の理想でした。

でも今では、「お笑い芸人であり、〇〇に詳しい人であり、△△という特技がある人であり、□□がうまい人であり……」というように、いくつかの看板があるほうが、生き残れる可能性が高いと見られているのです。

以前、何かの記事で、台湾のデジタル政策を担われている、オードリー・タンさんが、「これからの時代は、〝スラッシュ〟が大事である」と語っていました。1つの職種や属性だけでなく、スラッシュで区切られた複数の自分であろう、という提案です。

オードリー・タンさんといえば、新型コロナウイルスのデジタル対策で一躍、有名人になった方です。中学校を中退後、15歳で早くも天才的なプログラミング能力を生かし、複数の事業を興してきた人の言葉だけに説得力があります。

新型コロナウイルスのパンデミックでは、多くの人が従来どおりに仕事ができず、一気に困窮してしまった人も少なくなかったと聞きます。

そんな時期に真っ先に困ったのも、生業《なりわい》が1つの人たちでした。

同時に複数の仕事をしてきた人たち、たとえば「ミュージシャン／文筆家」という人なら、感染拡大防止のためにコンサートが軒並み中止になっても、文筆のほうで生活費を得ることができます。

実際、「いくつも仕事をしていて助かった」という話も、数多く耳にしました。

「これも、あれも、それもできます」というのは、かつては「器用貧乏」なんて言われて、あまり好ましいこととされていませんでした。

でも今では、何者とも限定されない価値が高まりつつある。ならば、上昇期に向けた準備期間である停滞期は、自分の看板を増やす格好の時期ではないでしょうか。

掲げる看板はいくつでもいいのですが、まず「5つ」を目安にするといいでしょう。職種を増やすことが考えづらかったら、「5つのコミュニティ」に属するというのもアリだと思います。

出入りするコミュニティが増えれば、それだけ視野が広がり、今までは自覚していなかった自分の特技や好きなこと――ゆくゆく1つの看板に育つかもしれないタネが見つかりやすくなるでしょう。

◉停滞期にふさわしい「攻めの待ち」のコツ

停滞期は、いずれ来たる上昇期に向けた「待ち」の時期とも言えますが、待ちは待ちでも「攻めの待ち」をする時期と言えます。

たとえば仕事。大勝負に出るわけではないけれども、しかるべきタイミングに向けて着々と力をつける。積極的に売り込みをかけるわけではないけれども、「私は、こういうことができます」という看板だけは掲げておく。

すると、いざ運気の上昇期がきたときに、実力を発揮することができます。掲げておいた看板が誰かの目に留まって、活躍の場を与えてもらえるようになります。

これが「攻めの待ち」をするということです。

「果報は寝て待て」とばかりに、**上昇期まで何もせずに過ごすのではなく、「人事を尽くして天命を待つ」。できること、やるべきことは精一杯やっておいて、初めて、**

運気の上昇気流に乗っていくことができるのです。

僕が公私ともによくしていただいている元谷拓《もとやたく》さんは、一大ホテルチェーン、アパホテルで専務を務めてらっしゃいます。元谷さんのご著書『人生に奇跡を起こすわらしべ長者の魔法』に、次のようなことが書かれていました。

「わらしべ長者」という童話がありますよね。

ある貧しい男が観音様に「もう貧乏は嫌です」と拝んだら、「ならば、ここを出て最初に手にしたものを大事にしなさい」というお告げがありました。

その言葉を胸に観音堂を出て歩きだしたとたん、男は石につまずいて転んでしまい、とっさに道端に落ちていた「藁」をつかみました。

「こんなものが何になるのだろう」と思いながらも、観音様のお告げどおり、藁を大事に持って歩いていたら、アブがブンブンとうるさく男の周りを飛び回り始めました。

そこで男はアブをつかまえ、藁に結びつけました。

すると、すぐ傍らで泣いていた子どもが、その藁を欲しがりました。

男は「観音様のお告げどおり、この藁を大事にしなくちゃ」と思いましたが、泣く子どもに困り果てていた母親が、お礼にミカンをくれるというので、藁と交換することにしました。

ここから、男が歩みを進めるたびに物々交換が起こります。最初は藁とミカンの物々交換だったものが、ミカンと反物、反物と馬という具合に、どんどん手にするものが豪華になっていきます。

そして最後には馬と屋敷を交換し、男は裕福な暮らしを手に入れた――というお話ですが、元谷さんは、現代において成功を追い求めるうえで、この「わらしべ長者」には重要なポイントが2つ隠れていると言います。

1つは、自分にとっては価値がないものでも、他者にとっては価値が高い可能性がある。特に価値観の多様化が進んでいる今では、思いもよらぬところで自分の特技や持ち味が付加価値になりうるから、アンテナを張りつづけるべきということ。「わらしべ長者」は、「私には今、これがあります」と提示していたからこそ、それが欲しい人の目に留まった。つまり今は「能ある鷹は爪を隠す」ではなく、自分の特技や持

自分ができることを看板に掲げて発信

ち味の情報発信が重要であるということです。

そしてもう1つは、自分の持ち物や武器を出し惜しみせずに、喜んで人に差し出すということ。

この2つのポイントは、運にも当てはまるなと思いました。

前々から感じていることなのですが、「私はこれができます。仕事ください！」みたいに積極的にプッシュすればするほど、あまりうまくいかないものです。

強く押されると引いてしまうというのが、人間の心理だからでしょう。

かといって何も発信しなければ、自分にどんな可能性があるのかを、周りの人たちは知る術《すべ》がありません。

だから、ただ看板を掲げる「だけ」にする。まさしく「わらしべ長者」が、ただ藁を手に持って歩いていたように、「私は、こういうことができます」と発信しつつも、それ以上はグイグイ踏み込まない距離感、さじ加減を心がける。

見ている人は見ているもので、そうしていると、自分が活躍できそうな仕事の話が向こうからやってくるようになります。特に運気の上昇期に入ったときに、あちこちから声がかかるなど、チャンスが舞い込みやすくなるのです。

元谷さんは常にそのことを実践されている、とても優秀で魅力的な方です。アパホテルの成功の一端を教えていただいた話でした。

◉「オリジナリティ」も行動から生まれる

前項でお話ししたとおり、看板は「掲げるだけ」でいいと思います。押しが強すぎると、相手に引かれてしまう可能性が高いので、グイグイ売り込んだりしないほうがいい。

といっても、これは「何も行動しなくていい」ということではありません。むしろ看板を掲げた以上、「看板に偽りあり」にならないよう、いっそう行動が重要になってくるでしょう。

そうでないと、看板そのものが空虚になってしまう恐れがあるのです。

たとえば、芸人が「お笑い」以外に「料理」という看板も掲げたとしましょう。

でも、料理を本業としている料理人や料理研究家は、すでにゴマンといます。

そんなかで、わざわざ「実は料理ができるらしい」というだけで、声をかけてくれる番組はないでしょう。「芸人ながら料理が得意」という意外性で一点突破するのは難しいのです。

では、どうしたら声をかけてもらえるようになるか。

ひと言で言うと、それは「オリジナリティを持つこと」だと思います。そしてオリジナリティもまた、行動によって培われるものなのです。

今の例で言うと、こんなオリジナリティが考えられるでしょう。

「自分は若手芸人でお金がないので、材料費100円でできる料理レシピが無限にあります」

「もともと食べることが大好きで、評判のレストランを全国1万店くらい食べ歩きました。それが嵩じて自分で料理も始めました」

「料理は面倒、難しい、という声をよく聞くので、私が考えた料理は、すべて3行レシピなんです」

ご覧のとおり、すべて行動から生まれています。

オリジナリティはアイデア次第、と考えると、オリジナリティは「思考」の産物にも見えるかもしれません。

でも、本当に実体のともなった、「看板に偽りなし」の**オリジナリティをもつには、やはり実際に行動を起こし、そのオリジナリティの根拠となる「実績」をつくる必要があるの**です。

そうしておいて初めて、ふと看板に目を留めた人から声がかかったときに、「声をかけてよかった。またお願いしたい」と思ってもらえるようなパフォーマンスを発揮できるでしょう。

そこから、次のチャンス、また次のチャンスへと、仕事面での開運につながっていくというわけです。

◉1つひとつ、目の前のことに一生懸命、取り組む

自分の看板を掲げていると、それを目にした人を介して、自然とチャンスがめぐってくるようになります。

そうなったら、やるべきことはシンプルです。

目の前のことを1つひとつ、一生懸命にこなしていく。これに尽きるでしょう。

「損得感情や妙なプライドを抜きに、目の前の仕事に一生懸命向き合う人には、次のチャンスが与えられる」

僕のマネージャーがよく言っていることなのですが、本当にそうだと思います。

バナナマンの設楽統《したらおさむ》さんも、ある芸人さんから「レギュラー番組の仕事が欲しいんですけど、どうしたらいいですか?」と聞かれて、こう答えたそうです。

「それは1つひとつの仕事ぶりによって決まる。いい仕事を積み重ねてこそ、自然と

レギュラー化の話も生まれるわけだから、日々の仕事を一生懸命やるしかない」

バナナマンとして活躍されているだけでなく、朝の番組で長くMCなども務めている設楽さんの言葉だけに、とても説得力がありますね。

M-1グランプリで最年長チャンピオンになった錦鯉さんを見ていても、そう思います。

優勝時の年齢が50歳の長谷川雅紀さんと43歳の渡辺隆さんがコンビを組む錦鯉さんは、20代の駆け出し芸人に混じって、小さなステージを1つひとつ、一生懸命にこなしてこられました。

年を重ねるとプライドばかりが肥大化しがちですが、錦鯉さんは、そんな変なプライドなど微塵もなく、立てる舞台のすべてに全力で取り組んでこられたのでしょう。

そして、この蓄積がなければ、あの満を持しての優勝はなかったはずです。

過去のことは変えられません。未来のことは誰にもわかりません。

だったら、「今、ここ」に生きる。**上昇期に大きく花開くには、今、このときに与えられたものに懸命に取り組み、実績を積み重ねていくだけ**なのです。

◉再浮上のチャンスは、周りの人がくれる

運は自分で切り開くものとはいえ、実際に、自分の行動が日の目を見るチャンスや、再浮上のきっかけをくれるのは、やはり「人」です。

現在、活躍している人の話を聞いていると、必ずと言っていいほど、ターニングポイントとなった誰かとのエピソードが出てきます。

たとえば有吉弘行《ひろいき》さんと上島竜兵さんのエピソードは、よく知られているのではないでしょうか。

「猿岩石《さるがんせき》」として一世を風靡したのち、芸能界から消えてしまったかのようだった有吉さんを、上島さんは、しょっちゅう飲みに誘っては愚痴を聞き、「おまえは絶対おもしろいから、いつか必ず、また売れる」と激励しつづけたそうです。

一緒くたに語ることは避けたいのですが、このように「今の自分があるのは、あの

人と出会えたおかげ」「あの人の、あのひと言のおかげ」というエピソードは、ほかにもたくさん耳にします。

ただ、ここで忘れてはいけないなと思うのは、「あの人のおかげで今の自分がある」といっても、人からもたらされたチャンスやきっかけをつかんだのは、ほかでもない、その人自身であるという事実です。

いくら人がチャンスやきっかけをくれても、自分がつかまないことには、浮上できないままです。いくら人が励まし、ありがたいことを言ってくれても、スルーしてしまっては、自分の意識も行動も変わりません。

うまくいかない時期は、どうしても落ち込み、挙げ句に「どうせ自分なんか……」なんて腐ってしまいがちです。

そういうときは、周りの人のアドバイスなんて耳に入りませんし、「自分はあんたとは違う。放っておいてくれよ」と投げやりにもなってしまうでしょう。

ちょっとでも周囲に目を向けようものなら、みんなキラキラしているように見えて、余計に落ち込む日々……。僕にもなかなか活路を見出せない時期があったので、よくわかります。

それでも腐りきらずに、周りの人たちの言葉に片耳くらいは傾けておいてほしいなと思うのです。

すると、いずれ腐りかけていることにも飽きてきて、フッと気持ちが浮上してきたタイミングに、両耳がスッと開かれて、人の言葉がすんなり入ってくるようになるはずです。そこが、再浮上の始まりになるでしょう。

◉年下の人たちから積極的に学ぶ

ある程度、年を重ねてからの停滞期では、「年下から学ぶ姿勢」をもつことも、とても重要だと思います。

特に現代は、以前よりも世の中の変化のスピードが増しています。

次々と新しいものが流行っては廃れていくし、価値観だって、どんどんアップデートされています。

別に時代におもねる必要はないと思いますが、こうした変化のありようをわかっておかないと、いずれ旧来のやり方や価値観を押し付ける「老害」になってしまうかもしれません。

そういえば、先日、40代のホストの方のインタビュー記事を読んで、非常に感銘を受けました。

その方は20代のころからホストをしていて、一時期は常時ナンバー1だったほどの実力の持ち主です。ところが年を重ねるにつれて順位は下がっていき、若いホストのヘルプ役にまで落ちてしまいました。

それでもホストの仕事を続け、なんと最近、40代にしてナンバー1に返り咲いたそうなのです。

ホストとして底辺まで落ちたけれども、何とか這い上がりたい。そのために心がけていたこととして挙げられていたのが、「自慢話と後輩へのアドバイスはしないこと。何より、後輩から教わること」でした。

その方が20~30代だったころのホストは、「俺についてこい」的なオラオラ営業が常道だったそうです。お客さんも、そういう接客を欲しており、目当てのホストにいい思いをさせるために高いお金を払う。そういうビジネスでした。

でも今は、ホストクラブの客層も金銭感覚も、かつてとは、だいぶ違ってきているといいます。

その方は、若い人気ホストたちのヘルプ役をしながら、「もう、あのころのやり方は通用しないんだな」と悟り、それ以来、若いホストから接客のノウハウを教わるようになりました。

後輩たちが話していることは、すべて金言だから、自分が知っていることでも知らなかったような顔で聞く。「最年長ホスト」として、お客さんの前でいじられることも厭《いと》わなかったといいます。

40代の大ベテランが、20代や30代の後輩の話に謙虚に耳を傾ける。それどころか、いじられ役をも引き受ける。「言うは易し」で、実際には、なかなかできることではないと思います。

ゼロからトップを目指すよりも、一度、トップに立った末に落ちぶれたところから返り咲くほうが、いろんな意味で難しかったはずです。

長年、トップの座にいたというプライドなんて、いったんバキバキに折られたに違いありません。そこから這い上がるには、いい意味でプライドを捨て、真摯に謙虚に、新しいやり方や価値観をインストールする必要があります。

ただし、後輩が度を越したいじりをしてきたら、「10回やられたら、1回ビシッと言う」と決めて、閉店後に注意していたそうです。

ちやほやされて調子に乗る若いホストも少なくないなかで、彼らに教えを請いつつも、ときには年長者としての責任をしっかり果たす。このバランス感覚がすごいなと思いました。

僕も、年下の人の意見は、割と積極的に取り入れていきたいと心がけています。

とうてい僕の頭からは出てこないような発想に、びっくりすると同時に「勉強したな、トクしたな」と感じることが多いのです。今では、年下の人の意見ほど取り入れるようにしている、と言ったほうがいいかもしれません。

つい先日も、こんなことがありました。

ある番組で、3人組のアイドルグループのメンバーの手相を見ることになりました。誰が一番いい相が出ているか、順位を発表していくという進行だったのですが、びっくりしたのは、若いディレクターが提案してきた発表の順序です。

みなさんも容易にイメージできると思いますが、順位発表は、当たり障りのないところから発表していって、「1位（もしくは最下位）は最後に発表する」のが通例ですよね。人気店のランキングであれ星占いであれ、たいていは、この順序です。

だから今回も、「3位、2位、1位」の順に発表していくものと思っていました。

ところが、その若いディレクターは、「最初に1位を発表してください」と言います。

一瞬、僕は「は？」となって、「それだとぜんぜん盛り上がらないんじゃない？」と言ってみたのですが、彼の説明を聞いたら、もう納得しかありませんでした。

1つの番組をじっくり視聴するというのは、自宅で楽しめる動画コンテンツがテレビしかなかった時代のこと。

YouTube動画に親しんでいる今の視聴者の興味は移ろいやすく、ちょっと見ておもしろい場面がなかったら、すぐに別の番組に変えてしまう。一番おいしいところが出てくるまで待つほど、忍耐強くないと見たほうがいい——。

だから最初に一番おいしいところ、この番組でいえば「1位」を最初に発表してください、という話だったのです。

今がYouTube全盛期であることは、もちろん、僕も認識しています。

でも、テレビで育ってきた僕は、「いったん見始めた番組は、最後まで見る」という前提で考えていました。「今の視聴者は最後まで待ってくれないから、まず、一番おいしいところから出していく」という発想はなかったのです。

「やっぱり、年下の人の意見には耳を傾けるもんだな」と、改めて思いました。

以前は、何かを習うとしたら年上の人でした。いくら時代が移り変わっても不変のものはあるはずなので、その姿勢を失ってはいけないと思います。

でも、**今の時代に何が受けるのかは、今という時代のネイティブである若い人たちに聞くのが一番**なのでしょう。**自分が「中堅」以上に分類される年齢になってくると、特にそう**だと思います。

年を重ねることが、尊敬を集める「年の功」となるか、疎ましがられる「老害」となるか。逆説的かもしれませんが、それは、自分自身の「気の若さ」に左右される気がします。

年を重ねてきたプライドを振りかざさずに、つねに新しい流行や新しい価値観に関心を持ち、それをもっともよく知る若い人たちから素直に学ぼうとする。

「気の若さ」とは、こういうことではないでしょうか。

そういう人なら、周囲から「老害」認定されることなどないでしょう。

若い人とも腹を割って対等に付き合える。しかし「ここぞ」というときには長年の経験をもって周囲に貢献したり、時にはピリッとしたことを言ったりする、というような粋な年配者になれるに違いありません。

だから、**インプットの時期である停滞期には特に、年下の人たちからのインプットも欠かさない**こと。**それが、いくら時代が移り変わっても自分の居場所があり、長く活躍できることにつながる**と思うのです。

◉運気の上昇期に向けて「プラス貯金」をする

運気の上昇期とは、たとえて言えば、自分にスポットライトが当たる時期です。しかも、舞台のスポットライトは一部の人にしか当たりませんが、**運のスポットライトは、必ず誰にでも当たる時期があります。**

ただし、スポットライトが当たったときに最高のパフォーマンスを発揮できるかは、スポットライトが当たらない時期に何をしていたのか次第。やはり「準備」が一番大切という話です。

「踊る！さんま御殿!!」というテレビ番組がありますよね。10名ほどのゲストが集まり、あるテーマについてエピソードを披露していくという人気番組です。ゲストは、ＭＣの明石家さんまさんに振られたときに、エピソードを披露します。

運のスポットライトって、なんだか「さんま御殿」みたいだなと思うのです。

披露するエピソードをしっかり準備しておかなくては、せっかく、さんまさんに振ってもらっても、うまく話せません。

僕が芸人だから、余計にそう思うのかもしれませんが、それって千載一遇のチャンスを逃すということです。きっと悔やんでも悔やみきれないくらい、悔しさと情けなさで身悶えしてしまうでしょう。

運のスポットライトにも同じことが言えると思います。

運気の上昇期とは、大きく飛躍する順番が自分に回ってきたということ。さんまさんに「はい、次、島田！」と振られてエピソードを披露するときのように、自分の特技や能力を発揮し、人生が大きく動くときです。

ちょっと機転が利く人や器用な人だったら、いきなりパッとスポットライトが当たっても、それなりの結果を出せるかもしれません。

でも、それは単なるまぐれに過ぎず、長続きはしないでしょう。スポットライトが当たったときに最大のパフォーマンスを発揮し、しかも息長く活躍しつづけるには、それまでの念入りな準備が不可欠なのです。

準備とは、自分の特技や能力を伸ばす努力をするだけではありません。世間に対して、よいエネルギーをたくさん出しておく。そのエネルギーがめぐりめぐって、いざ運のスポットライトが自分に当たったときに自分にフィードバックされて、運を後押ししてくれるのです。

要するに、「プラス貯金」をしておくということですね。

たとえば、人と話すときは、1つでもいいから相手を褒める。クスリと笑える雑談をする。特に運気の停滞期は、つい腐りがちで愚痴の1つもこぼしたくなるものですが、そういう時期こそ、実はプラスの言葉をたくさん発したほうがいいのです。

そういう意味では「ありがとう」を口グセにするのもいいでしょう。

また、ゴミを拾う、面倒な雑用を進んで引き受けるなど、人があまりやりたがらないことを買って出るのも、かなり効果的な「プラス貯金」になります。

◉停滞期こそパワースポットに行く

停滞期は「何もしてはいけない時期」ではなく、「積極的に行動したい時期」。

そう聞いて、もし、「何か行動しなくちゃ。でも何をしたら……？」と焦ってしまいそうならば、ぜひパワースポットに出かけてみてください。

パワースポットは日本各地に無数にあります。

一番近いところに行ってもいいし、少しまとまった時間をつくって遠出し、「パワースポット旅」をするのもいいでしょう。

何もストイックに考えず、パワースポットに行って温泉に浸かって帰ってくる、というくらい気軽な感じでかまいません。

ここで**一番重要なのは、「自分を動かす」こと**です。

ずっと家にいるせいで焦燥感にさいなまれるくらいなら、**どこでもいいから出かけ**

てみる。せっかく出かけるならパワースポットがいいよね、というわけです。

日常生活を送りながらだと、一番行きやすいのは土地の神様でしょう。

自宅から一番近い神社、職場から一番近い神社、学校から一番近い神社。特に停滞期には、こうした地の縁で結ばれた神社にお参りしていると、土地の神様を味方につけることができるでしょう。

迷いを解消し、正しい道に導いてくれるという点では、僕のおすすめのパワースポットが3つあります。

1つは明治神宮。

「清正の井戸」（正式名称は「清正井」）で有名な明治神宮ですが、迷いを解消し、行動する活力を回復するには宝物殿の前の庭園の隅にある「亀石」がおすすめです。

「亀石」は亀の形をした岩で、反時計回りで3周、まわってから岩に座ると、元気になると言われています。インスピレーションが湧くパワースポットとしても知られており、芸人や作家の人たちが創作アイデアのために多く訪れているとも聞きます。

停滞期に何をしたらいいかと悩んでいるときや、いくつかの選択肢で迷っているときにも、きっと助けになってくれるでしょう。「亀石」に座っているときに思い浮かんだことを、とりあえずやってみるというのもいいと思います。


2つめは、伊勢神宮の外宮と内宮の間にある「猿田彦神社」です。

猿田彦神社には、「古事記」の昔、天孫降臨の際に、ニニギノミコト（神武天皇の曾祖父）の道案内をしたサルタヒコノカミが祀られています。その逸話から、人を正しい道へと導いてくれる「方角の神様」として敬われているのです。


3つめは、パワースポットと呼んでいいのかわかりませんが、宮崎県の高千穂です。

高千穂は、天孫降臨でニニギノミコトが降り立ったとされる地。

そこでオオクニヌシノミコトがニニギノミコトに国を譲り、稲作が始まります。それが日本の始まりとなったという伝説があることから、宮崎県は何かを「リセット」「リスタート」するときに訪れるといい土地とされています。

何かをスタートするよりも、リスタートするときのほうが大変です。なまじ一度はスタートしたことがあるばっかりに、どんな道のりになるか、どんな苦労があるのかが見えてしまっている。

それでも、「また始めて、今度こそ前回よりも高いところに行ってやるんだ。よりすごい景色を見てやるんだ」というわけですから、突き進むには相当なエネルギーが必要になります。

解散から12年を経て、相方とのコンビを復活させた僕も、それをひしひしと感じました。

もちろんワクワクしましたが、まっさらな状態から始めるときのワクワク感とはちょっと違う。酸いも甘いも噛み分けたうえでの、半ば達観したワクワク感と言ったらいいでしょうか。

そんなタイミングに、ロケで宮崎県に行く機会があり、先ほどのような話を聞いたので、余計に感慨深いものがありました。

「ここで日本の食文化、命をつなぐ食の根幹をなす稲作が始まったんだ。日本が始まったんだ」と思うと、日本の神様や、日本の国をつくってきた人々に対する感謝の念が自然と湧き上がってきて、「よし、自分もがんばろう」と素直に思えたのです。

人生の選択は自分ですべきもの。とはいえ、悩んでいるとき、迷っているときって、最後には誰かに背中を押してほしいものですよね。

そんなときに、自分以外の何か大きな存在からインスピレーションを得ようとするのは、まったく悪いことではないと思います。

何かを感じ取り、そして行動に移すのは、結局、自分自身だからです。パワースポットに出かけてみるという行動を含め、自分の力で運命を動かしているのです。

◉50個、ものを捨てる

運気の停滞期には、断捨離もおすすめです。

思い切って50個、捨てましょう。

1つとか2つならば、すぐに捨てられます。それが20、30となってくると、捨てるのがきつくなってきます。それでも続けて、**50個捨て終わったときには、一気に心が軽くなっている**のを感じるはずです。

特に恋愛など人間関係の運気が滞っていると感じる場合は、クローゼットの断捨離をおすすめします。

洋服は「人と会うこと」を象徴するものなので、洋服をしまっておくクローゼットがスッキリ片付くと、人間関係もスッキリ片付く。よくない縁は遠のき、よい縁に恵まれるようになるのです。

クローゼットがごちゃごちゃしていたり、ぎゅうぎゅう詰めになったりしているほか、夏服と冬服がごちゃまぜになっているのもよくありません。結果、人間関係や恋愛関係もぐちゃぐちゃになってしまうからです。断捨離ついでに、季節外れの洋服はまとめて別の場所にしまい、衣替えを習慣づけましょう。

仕事の運気が下がっていると感じるのなら、仕事運を表す本棚の断捨離を。

近年では、パソコンのデスクトップやスマートフォンのホーム画面も、スッキリ片付けることで仕事運が上がるとされています。

本棚がパンパンだと、新しいインプットの余地がなくなり、アイデアの源泉が枯渇してしまいます。パソコンやスマートフォンにも、同じことが言えます。

また、「見えている床面積」が少ないと、総合運が下がると言われています。

床に敷くようにできているカーペットは別ですが、カバンや洋服など、つい床に置きっぱなしになりがちなものって、ありますよね。使い終わったらすぐに、しまうクセをつけたほうがいいでしょう。

以上のようなことを意識しつつ、50個、ものを捨てる。結果として、収納スペースの埋まり具合が7割程度になったら上出来です。

ものを50個も捨てれば、必ず、部屋や収納スペースの風通しがよくなります。

風通しがいいというのは、気が滞りなく流れているということ。風水的にも好ましい環境になるという意味でも、がぜん運が動きだすのは自然と言えるのです。

それに、心の軽さは身の軽さに直結しています。

今までは、何をするにも腰が重かったかもしれませんが、断捨離の後は一転、行動したくてうずうずしてくるでしょう。**断捨離には、「不運＝運ばず」を脱し、自分を動かす効果もある**というわけです。

◉吉日に買ったものはラッキーアイテムになる

占いに関心がある人なら、暦のうえの「一粒万倍日《いちりゅうまんばいび》」「天赦日《てんしゃび》」といった言葉は、すでに馴染み深いでしょう。

これらは「吉日」――起業や結婚、引っ越しなど、人生を大きく動かすことをすると、うまく運びやすくなる日とされています。また、幸運を呼ぶ日であることから、宝くじを買うのに適しているとも言われています。

ただし、起業や結婚、引っ越しなどは、運の停滞期には、なるべく避けたほうがいいものです。

となると、停滞期中の吉日にできることといったら、宝くじを買うくらいしかないのでしょうか。それだと選択肢がなさすぎるので、もっといろんな吉日の生かし方があるといいですよね。

そこでおすすめしたいのが、「買い物」なのです。

お金は、基本的に自分が働いて得るものです。

そして「**働く」とは、毎秒、毎分と生きている自分の命を使うものですから、「お金=自分の命**」と言えます。その**お金を使う「買い物」は、すなわち、自分の命と引き換えにモノを得るということ**なのです。

吉日に買い物をするというのは、吉日に「お金=自分の命」を使うということ。

すると、**いわば吉日の開運エネルギーが、「お金=自分の命」を介してモノに吹き込まれることに**なります。だから、**何を買ったにせよ、それが自分にとって最強のラッキーアイテムになる**のです。

何を買ってもいいのですが、仕事のラッキーアイテムが欲しければ仕事に関連するもの、恋愛のラッキーアイテムが欲しければ恋愛に関連するものを買ったほうが、より効果的でしょう。

たとえば僕だったら、芸人はスケジュールが埋まることが重要なので、もし吉日に何かを買うなら、時計や手帳にするでしょう。

特に買うべきものが思いつかないのなら、おすすめは「靴」です。

「不運」とは「運ばず」、運を開くためには何よりも行動が重要であるというのは、今までお話ししてきたとおりです。「靴」は、そんな行動の象徴なのです。

吉日に買った靴は、行動そのもののラッキーアイテムになり、きっと、いい場所に自分を運んでくれるでしょう。

ネットには吉日を手軽に調べられるサイトがありますし、もっと念入りに把握しておきたい人は、市販の「暦帳」を買っておくのも手です。

特に複数の吉日が重なる日は、吉に吉が上乗せされる「大吉日」です。

その日こそ、「お金＝自分の命」を使って、ラッキーアイテムをゲットしてはいかがでしょう。運気の停滞期には、停滞期にふさわしい吉日の生かし方があるのです。

◉陰陽道《おんみょうどう》の奥義《おうぎ》「逆を取る」を取り入れる

「逆を取る」というのは、陰陽師《おんみょうじ》の橋本京明さんに教わったことです。向かうと吉とされる方角を「吉方」と呼びますが、「逆を取る」とは、なかなかいいことが起こらない人の場合、むしろ「吉方の逆方向」に向かうべしという、陰陽道の奥義だといいます。

たとえば2022年は、十干十二支《じっかんじゅうにし》でいうと「壬寅《みずのえとら》」の年です。「壬寅」は「水があって、そこに木がある」という状態を指すことから、「水」の要素が特に重要になる年とされます。

さらに2022年の吉方は「北東」。したがって、今、うまくいっている人は、北東方面を意識すると、「壬寅」のエネルギーを増幅させ、さらに運がつきやすくなります。

うまくいかないときは「吉方の逆方向」へ

一方、なかなかうまくいかない人は、真逆の「南西」を意識したほうがいいそうなのです。なぜなら、うまくいっていない人は、「壬寅」の「水」の要素が十分すぎて、害をなしていると考えられるからです。

地中の水が多すぎると、木は大地に根を張ることができません。根を張ることができなければ、木は大きく育つことができません。

これが物事の運びを阻害し、なかなかうまくいかない原因になっていると考えられるそうです。だから、水のエネルギーを増幅させる方角とは正反対の方角に向かうことで、運を軌道修正できるのです。

陰陽師の橋本さんによると、「逆を取る」という奥義は、吉方以外のことにも当てはまるそうです。

人生を「エネルギーの流れ」とすると、うまくいっているときは、いつもどおりの選択や、直感に従った決断をすることで、プラスのエネルギーの流れを増進させることができると考えられます。

しかし、うまくいっていないときに、いつもどおりの選択や直感に従った決断をすると、マイナスのエネルギーが増幅されてしまいます。

そこで折に触れ、あえて「いつもとは違う選択、直感に従わない決断」をする。

これも「逆を取る」ということなので、マイナスのエネルギーの流れを食い止め、あわよくば逆行させる効果が期待できるというわけです。

たとえば、朝、洋服やネクタイ、靴を選ぶときに、直感的に「今日は、これにしよう」と思ったものとは違うものにする。

ランチで、いつもなら選ばないような食べものを選ぶ。

いつもだったら選ばないような色や柄の洋服を買う。

いつもなら夏休みに海に行っていたところ、今度は山に出かけてみる。

停滞期にあるとき、あるいは現状に突破口を見出したいときには、こんなふうに「いつもとは違うこと」をしてみるといいでしょう。

そこでエネルギーの流れが変わり、なかなかうまくいかない運気にも変化が起こっていくはずです。

◉「これだけは、やる」「これだけは、我慢する」ことを決める

運を動かすには自分を動かすこと。それは、何か1つのことを「これだけは、やる」と決めるだけでもいいのです。

「あれも、これも」とやることを決めても、すべてを完璧にこなすことなんて誰にもできません。停滞期ならば、なおのことです。すべて中途半端になって自己嫌悪に陥る恐れもありますね。

そうなるくらいなら、最初から「1つだけ」と決める。ビジネスでもよく言われる「選択と集中」をすることで、その1つが自分のキャラクターとして認知され、チャンスがもたらされることも多いのです。

たとえば女優・タレントのAさんは、バラエティ番組に出たときには、「一番笑う」と決めたそうです。

人を笑わせることにかけては、芸人さんには敵わない。だから下手にボケたりして爪痕を残そうとせずに、いつワイプで抜かれても必ず笑顔でいよう――。

これを徹底したことで、Aさんはお芝居だけでなく、バラエティ番組にもよく呼ばれるようになりました。「笑顔でいる」という「選択と集中」により、活躍の場が広がったのです。

仕事運を動かしたいなら、仕事に関することで1つだけ――とも限りません。陰徳を積むと、必ず運は開けるものですから、「何か1つだけ、人知れずいいことをする。それも徹底して続ける」というのも手なのです。

その好例は、チャンス大城《おおしろ》さんでしょう。

チャンスさんは、30年もの長い下積み時代に、「今の自分はぜんぜん世間に貢献できていないから、せめて、いいことをしよう」と、あるときから毎日、駅から家に帰るまでの道すがら、ゴミ拾いをするようになりました。

その後、「人志松本のすべらない話」や「細かすぎて伝わらないモノマネ選手権」

に出演を果たし、そこでドカーンと受けたことで、一躍、人気者になりました。

ゴミ拾いは、お笑いの仕事と直接的には関係ありません。

でもチャンスさんの場合は、「人知れずいいことをする。ゴミ拾いだけはする」という行動を徹底して続けたことが運を開いた。売れなくても腐らず、自分を動かしつづけたことが、大きなチャンスにつながったと考えられるのです。


逆に「これだけは、我慢する」ということを決めるのも、1つの方法です。

行動とは、「何かを決めて実行する」ことですから、「やらないこと」を決めて実行するのも、自分を動かすこと、運を動かすということなのです。

この点で有名なのは、渥美清《あつみきよし》さんのエピソードではないでしょうか。

渥美清さんも売れない時期が長かったそうなのですが、あるとき、友人から「何かを得たければ、何かを我慢しなくてはいけない」と言われて、ハッとしたといいます。

そこで大好きなタバコを止めると決意した渥美さんは、台東区にある小野照崎《おのてるさき》神社で、「これから一生、タバコを吸わないので、仕事をください」とお願いしました。

「男はつらいよ」の寅さん役のオファーが舞い込んだのは、その直後のこと。

ちなみに、映画のなかの寅さんが、いつも首から下げているお守りは、小野照崎神社のものだそうです。

きっと渥美さんは、「これぞ小野照崎神社のご利益」という感謝の気持ちを、やがてご自身の代名詞となる寅さんに重ね合わせたのでしょう。

「男はつらいよ」が大人気ロングシリーズになるとともに、このエピソードも広く知れ渡ることとなりました。今では、たくさんの若手の役者や芸人たちが、渥美さんの運にあやかろうと小野照崎神社を訪れているそうです。

◉「自分はこういう人間である」から自分を解放する

人は、さまざまな形で自分自身を規定してしまっているものだといいます。

たとえば、親から「この子は人見知りが激しい」と言われて育つと、本当に人見知りの激しい人間になってしまう。

これが褒め言葉ならいいのかというと、そうでもないようなのです。「この子はいつも元気で明るい」と言われて育つと、「いつも明るく元気でいなくてはいけない」という強迫観念が生まれる場合がある、という話も聞いたことがあります。

親の言葉には、子どもに「自分はそういう人間なんだ」と思い込ませるだけの影響力があるということですね。

ひょっとしたら、みなさんのなかにも、「親からこう言われて育ったことが、今現在の自分に強く影響している」と思い当たる方がいらっしゃるかもしれません。

幼少期に限らず、大人になってからも、上司など目上の人から言われつづけた言葉が自分を縛るケースもあるでしょう。

ある落語家さんの話です。

落語の世界では、師匠のもとで修業を積み、ついに真打ちデビューをするとき、師匠による顔見世の口上が行なわれます。二人並んで高座に座り、師匠がお客さんに弟子をお披露目するのです。

そこで師匠は、「この某《それがし》は、○○をやらせたら右に出るものはおりません。今後どうぞご贔屓《ひいき》に」などと、デビューを控えた弟子を持ち上げるのが通常です。

さて、その落語家の方もご多分に漏れず、真打ちデビューを控えたある日、師匠がお披露目をしてくれました。

ところが、その口上に違和感を抱いてしまったそうなのです。というのも、自分では新作落語を得意としているつもりが、師匠の口上では「古典落語をやらせたらピカイチです」と紹介されたからでした。

この方は悩みました。正直なところ、自信をもってできる新作落語をやっていきたい。でも師匠がそこまで言ってくれたのだから、古典でいくべきか……。結局は、古典落語をより多く演じることにしたそうです。

さて、このエピソードをどう捉えたらいいでしょうか。

自分では自覚していなかった得意分野を、ずっと自分を指導してきた師匠が見出してくれていた。あくまでも「新作落語が得意」というのは自己評価であって、師匠こそが真価を見抜いていた。というのは、1つの捉え方でしょう。

一方、自分は新作落語をやりたかったのに、師匠の「おまえは古典落語が得意なんだ」という言葉に縛られて、自由に選べなかったと見ることもできます。

ともあれ、落語家としての人生はずっと続きます。「古典落語はピカイチ」と認めてくれた師匠には感謝しつつも、その言葉に縛られずに、自分の演じたいものをやっていくことが、幸せな落語家人生につながるのではないでしょうか。

僕がそう思ったのは、自分自身にも似たような経験があるからかもしれません。解散する前の「号泣」は、「歩く国語辞典」「言葉遊びのテクニシャン」などと言われていました。

こうしたキャッチコピーがつくのはありがたいことなのですが、半面、「言葉遊びネタでやらなくちゃ」「言葉遊びで差別化しているコンビなんだから」と、世間的なイメージで自分たちを縛っていたのも事実です。

最初は、自分たちが楽しくて言葉遊びネタをつくっていました。でも、それが縛りになるとどんどん視野が狭くなって、楽しくなくなってくる。こんなふうに不自由さを感じながらつくるネタって、どうしてもおもしろくなりようがないんです。

結局、相方とはいったん袂《たもと》を分かつことになりました。

当時は僕よりも相方のほうが、「言葉遊びネタに縛られず、もっといろんなことをやってみたい」という思いが強かったので、ネタづくりの不自由さは間違いなく、解散の大きな理由の1つだったと思います。

先ほども言ったように、人は多かれ少なかれ、他者による評価や称賛によって「自分はこういう人間である」と思い込んでいます。

それが自分にとってプラスに作用してきた部分もあるかもしれませんが、「こういう人間である」というものに自分を閉じ込めるのは、自分の可能性を狭めることにもつながります。

特に今は「土の時代」から「風の時代」への過渡期とされています。これからは、1つの組織、1つの職業、1つの属性などから、限りなく自由な個人のほうが活躍できる時代になっていくと言われています。

ならば、なおのこと「自分はこういう人間である」という思い込みから、自分を解放してあげたほうがいいでしょう。

それに、**運気の停滞期は、インプットを増やしつつ、自分の新たな可能性に向けて準備を進める期間です。「自分はこういう人間である」という思い込みを手放すと視野が広がり、視野が広がれば、それだけ新境地も見えやすくなる**に違いありません。

5章

タイミングを生かすか見送るか？

——手相でわかる判断のポイント

◉手はあなたの分身。手を使うということは、あなたのがんばりそのもの

「手って、本当に『その人自身』が表れているんだなぁ」

手相を勉強し、人の手相を占わせていただくようになり、おかげさまでこれまでに5万人の方々の「手」を見させていただきました。手相を見れば見るほど、手の線の入り方だけでなく、「手」そのものが、その人を表していると思います。

そう考えると、あなたの手がとても愛しいものに思えてきませんか。**手はあなたの分身でもある**と、僕は思うのです。**手を使えば使うほど、あなた自身ががんばっているということ**。あなたの手をしみじみ見てやってください。本当によくがんばってますよね。

また、僕が手相についてお話しするとき、いつも最初に言うようにしていることがあります。それは、手相には「いい線」も「悪い線」もない、ということ。

3章でお伝えしたように欠点はあなたの欠けている点ではなく、欠かせない点。「あなたの丸ごとを愛してくださいね」、僕はそういう思いで手相を見て、その人のこれからがよくなりますようにと願いをこめて占わせてもらっています。

こんな自分自身の分身でもある「手」の「相」を知ることは、自分の運を切り開くことにつながります。

手相を通じて自分を知ることで、自分の心の取り扱い方がわかり、より前向きに物事に取り組むことができるようになると考えています。

最後にこの章では、あなたが判断に迷うとき、よりよい人生を切り開く「開運」の糸口につながるような手相をお伝えしたいと思います。

◉手の平の基本6線

手相占いでは一般的に、横向きの線より縦向きの線が強くて多いほうがいいとされています。たしかに、運命線や金運線は、縦向きの線です。では横向きの線はどうかというと、感情線、頭脳線、結婚線など。こうして並べてみると、人間の苦悩は横の線に集約されていると思いませんか。考えたり、感情が揺れ動いたりするから、人間は悩みます。結婚もまた、そういう意味では、幸福と同時に苦悩の元でもあると言えるでしょう。

実際、結婚線は昭和初期までは「根性線」と呼ばれていました。自分の経験からも実感をこめて言いますが「結婚生活は、お互いの我慢がなくては続かない」。ということで、いつからか根性線＝結婚線となったようです。

このように、たしかに横の線は人間の苦悩を表す線。だから「縦の線が多いほうが

手の平の基本6線

① 生命線　④ 運命線

② 感情線　⑤ 金運線

③ 頭脳線　⑥ 結婚線

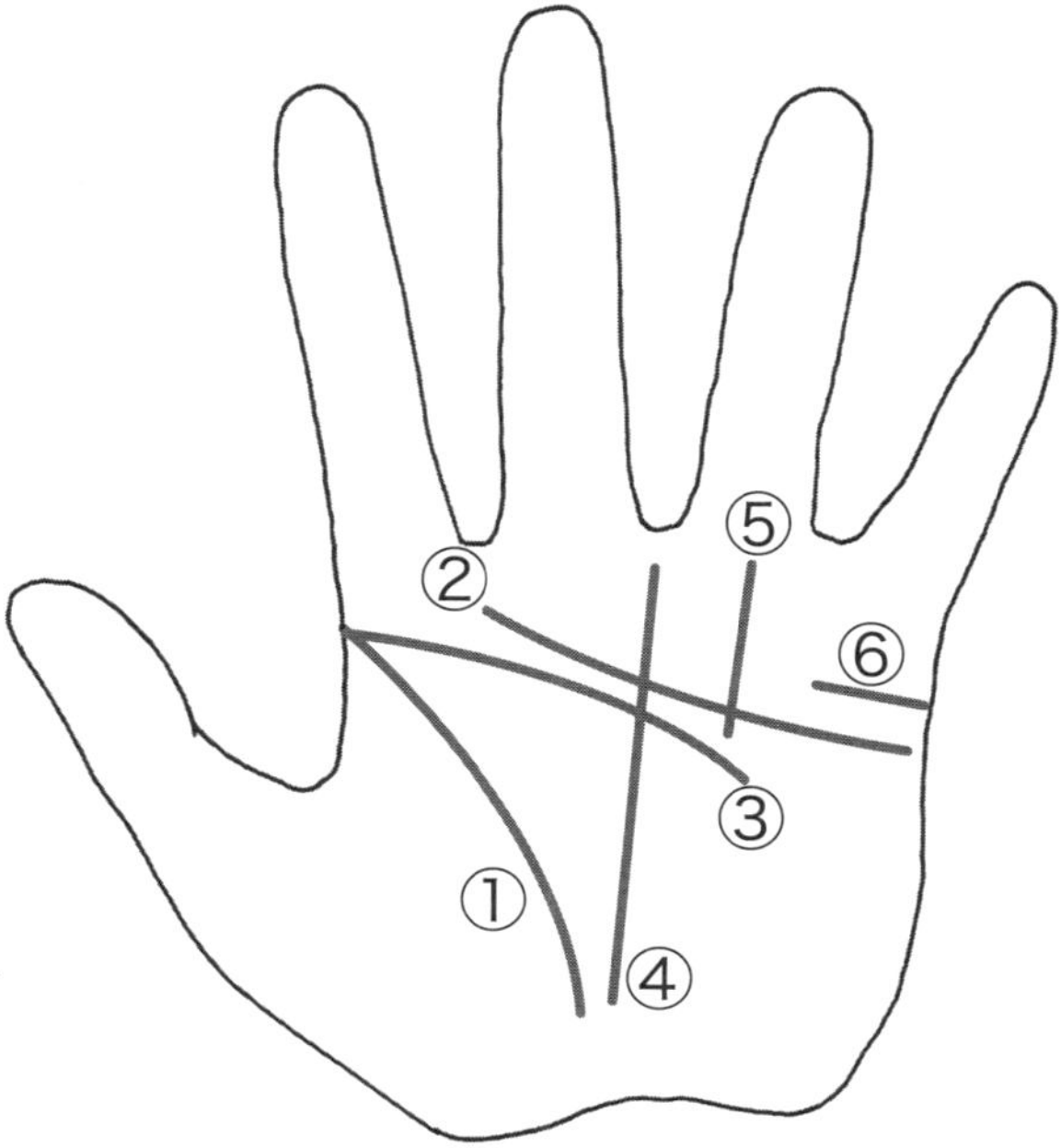

いい」という人もいるのですが、僕は、横の線は「人間らしさ」を象徴する線でもあると考えています。悩みがあるからこそ、幸せも感じられる。だから横の線が多くてもいい、と僕は思っています。

◉運が加速するサイン「フィッシュ」、せき止められるサイン「島」

「フィッシュ」と「島」は、どの線の上にも現れる可能性があります。

「フィッシュ」は、手の平の線の先端が、いったん2つに分かれたあとに、また交わって「魚」のような形になっている線のこと。川の流れが勢いを増している、つまり、その運勢が加速していることを示す相です。

「島」は、手の平の線の途中に入っている小さな○です。線を分断する形であることから、川の流れがせき止められている、つまり、その運勢が停滞していることを示す相です。


たとえば、「金運線」の先端に「フィッシュ」（①）が現れたら、臨時収入があるなど、金運が上昇するタイミングということ。「金運線」の途中に「島」（②）が現れていたら、お金のトラブルが起こりやすいタイミングにあるということです。

「結婚線」の先端に「フィッシュ」(③)が現れたら、既婚の場合は、結婚生活でうれしいことが起こるタイミングということ。夫婦円満のほか、お子さんに恵まれるサインと見ることもできるでしょう。

未婚の場合、「結婚線」の先端の「フィッシュ」は、結婚のタイミングが近いかもしれないということです。

逆に、「結婚線」の途中に「島」(④)が現れたら要注意です。既婚の場合は夫婦関係の雲行きが怪しくなるとか、未婚の場合は、せっかく到来しかけていた結婚のチャンスが、何らかの事情で流れてしまう可能性を示しています。

また、「頭脳線」の先端に「フィッシュ」(⑤)が現れたら頭を使うこと、たとえば勉強運や仕事運がいっそう加速する時期に入っているサイン。

逆に「頭脳線」の途中に「島」(⑥)が現れたら、勉強がはかどらなかったり、仕事の成果が出づらくなったりする可能性があります。

「フィッシュ」と「島」は「旅行線」に現れることもあります。

運が加速する「フィッシュ」とせき止められる「島」

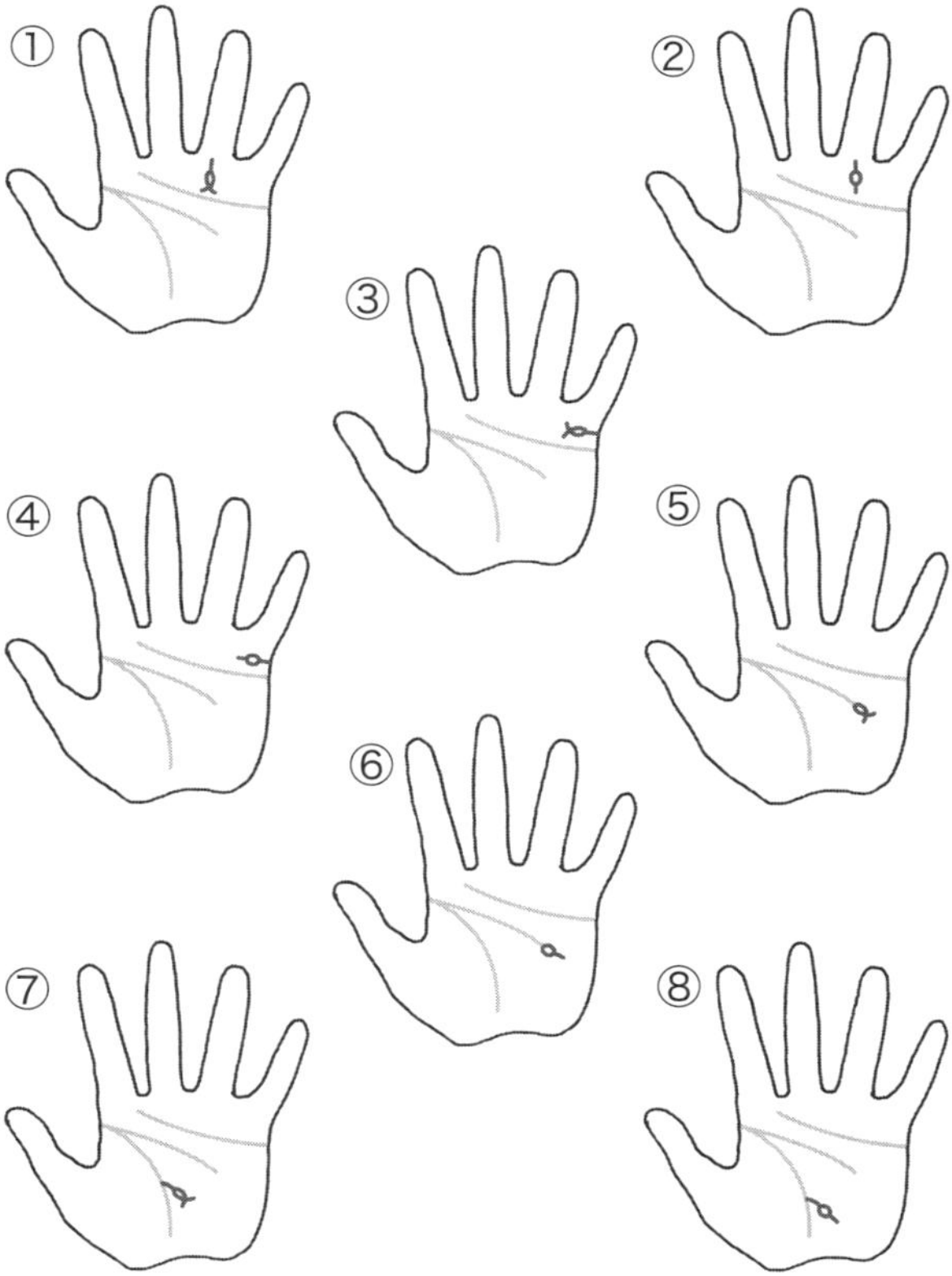

「旅行線」の先端に「フィッシュ」（⑦）が現れたら、旅先で良縁に恵まれるなど、いいことが起こるサイン。今こそ旅に出るタイミング、と見ていいでしょう。

「旅行線」の途中に「島」（⑧）が現れたら、今は旅先でトラブルに遭いやすいというサインです。旅をやめる必要があるとまでは言いませんが、ふだんよりいっそう気をつけたほうがいいでしょう。

◉「モテ期到来線」「恋愛停滞線」の見方、生かし方

生命線から親指に向かってチョコンと入るのは、「モテ期到来線」。

中指の付け根あたりに、細かく縦線が入るのは、「恋愛停滞線」。

ただし、今までにもお話ししてきたように、「モテ期到来線」が入っていたら、「何もせずとも良縁が向こうからやってくる」ということではありません。

「モテ期到来線」とは、つまり「出会いが素敵な恋愛に発展する可能性が高い時期ですよ」という意味ですから、まずは積極的に出会いの場に出かけ、いろんな人と交流してみましょう。

逆に「恋愛停滞線」が入っていたからといって、「もう素敵な恋愛はできないんだ！」なんて絶望することはありません。

「『モテ期到来線』が入るときまで、恋はお休み。家で貝のようにじっとしていよう

「モテ期到来線」と「恋愛停滞線」

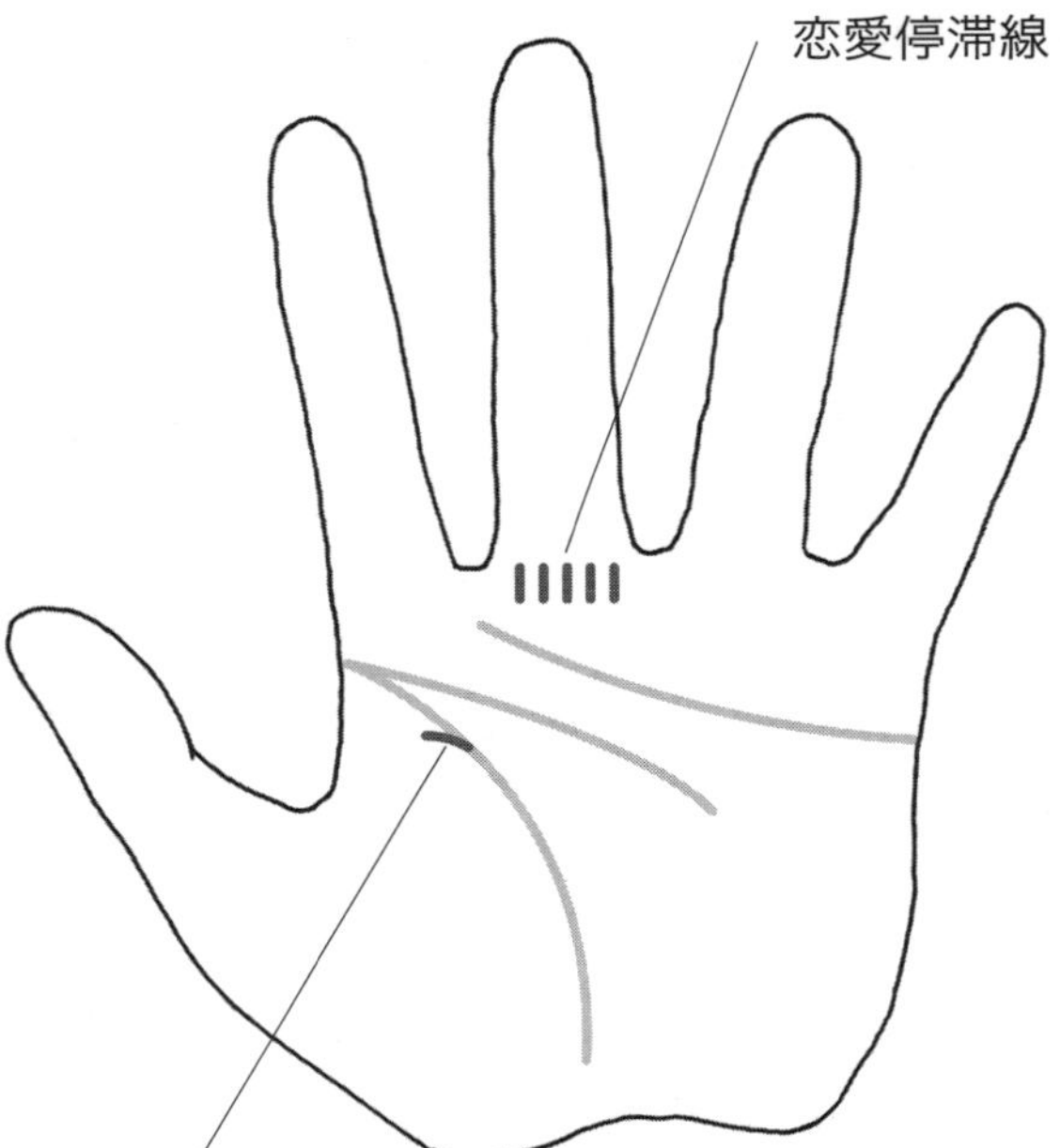

……」なんて考える必要もありません。

停滞期は、上昇期に向けた準備期間とお伝えしてきましたね。

「恋愛停滞線」も同じです。いずれ恋愛運が上向いたときに、その運勢をフルに生かして素敵な恋愛ができるよう、今は自分を磨く行動を取っていきましょう。

◉早婚？　晩婚？「結婚線」でわかる結婚のタイミング

「結婚線」は小指の付け根と「感情線」の間に、横向きに入っている短めの線（①）。この「結婚線」が比較的下のほうに入っている人は結婚が早めで、上のほうに入っている人は結婚が遅めと言われています。

結婚のタイミング以外にも、「結婚線」はいろいろなことを教えてくれます。

「結婚線」が真っ直ぐか、先端が上に向いている（②）のは結婚に前向きな相、もしくは既婚の場合は夫婦円満の相。

「結婚線」の先端が下に向いている（③）のは結婚に後ろ向きな相、もしくは既婚の場合は夫婦関係にちょっと注意が必要な相です。

また、「結婚線」に沿うように両側に2本、短い線が入っていたら（④）、複数の人から伴侶を選ぶ可能性があるということです。3本の線なので、僕は「三つ巴線」と呼んでいます。

「結婚線」が二股に分かれていたら（⑤）、お付き合いしている人はいても、結婚するまでには少し時間がかかりそうというサイン。「長い春」ってやつですね。

最後にもう1つ。「結婚線」が二股に分かれていて、さらに別の短い線がピッと入っているのは「元サヤ線」（⑥）。元カレや元カノなど、過去に一度ご縁があったけれども、別れてしまった相手と、ふたたびご縁が結ばれるかもしれないという相です。

「結婚線」でわかる結婚のタイミング

①

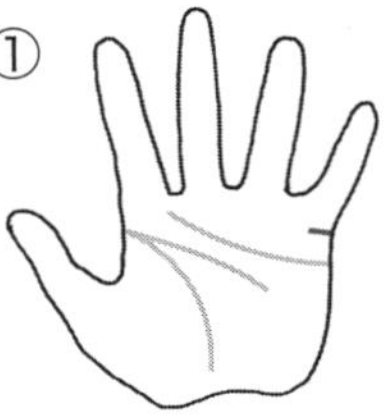

②

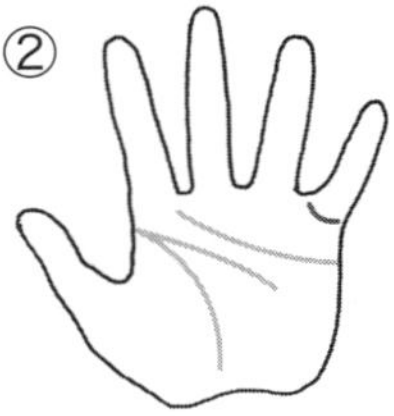

③

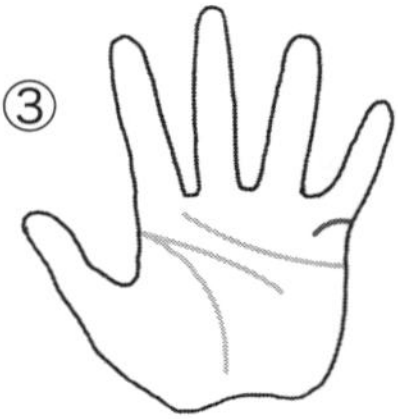

④

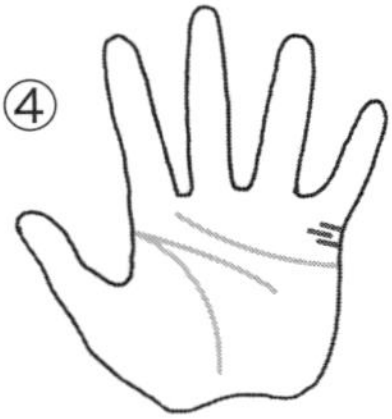

⑤

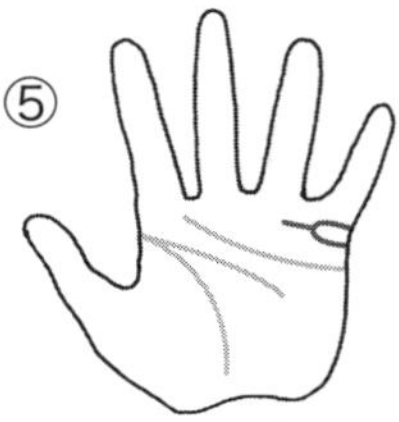

⑥

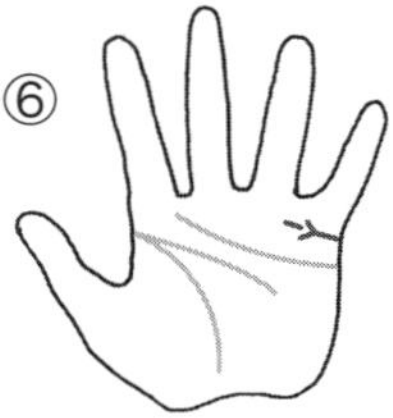

◉大活躍できるのはいつ？「ブレイク線」

誰にでも、遅かれ早かれ「大躍進するタイミング」がやってきます。

それを示しているのが、「生命線」の上にチョンと、小さなささくれのように入っている「ブレイク線」。この線が入っている位置によって、ブレイクする大まかな時期がわかります。

「ブレイク線」が、人差し指の付け根の真下に入っていたら20代、中指の付け根（人差し指寄りの付け根）の真下に入っていたら30代にブレイクするということ。

以降、20代と30代の間隔を均等に生命線上に割り振り、40代、50代、60代、70代にブレイクすると見ます。

このように年代を割り出す方法を「流年法」といいます。

以前、明石家さんまさんの手相を見せていただいたら、この「ブレイク線」が「70

「ブレイク線」は大躍進のサイン

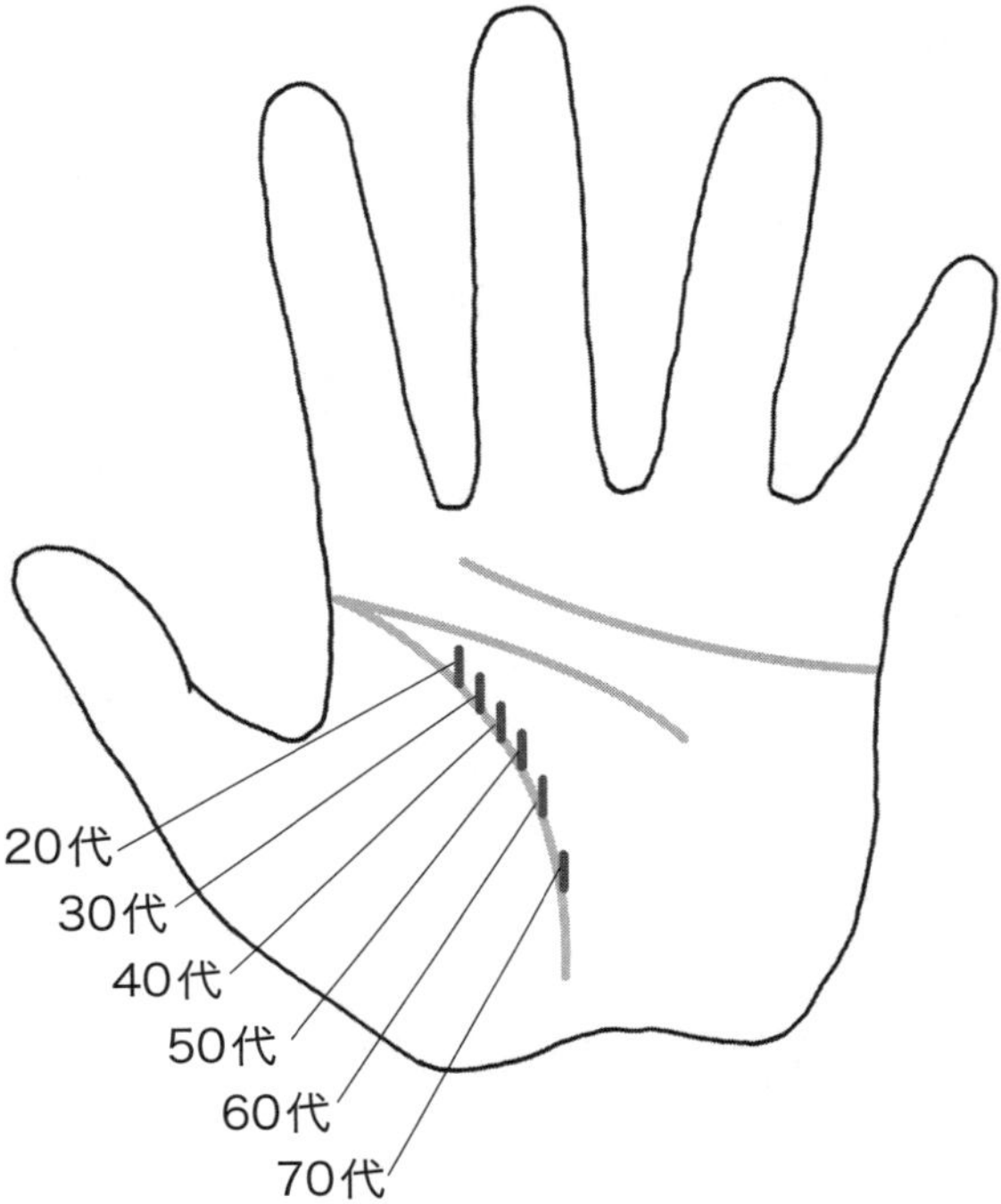

代」のところにくっきりと入っていました。

「さんまさん、70代でまたブレイクしますよ。まだブレイクしきってないんですね」

とお伝えすると、

「へぇ！　俺、まだブレイクしきってないんか。そうかそうか、ほな、70代になったらどないになってんのか、楽しみやな〜！」

なんて満面の笑みで言ってくださいました。

すでにあれだけ活躍されているのに、ちっとも驕ったところがなく、僕の手相占いにも気持ちよく耳を傾けてくださる。すごい人って、占いの受け止め方も大らかで愉快なんだなと思いました。

◉試練のときを示す「障害線」

「ブレイク線」とは反対に、さまざまな試練に見舞われるかもしれない時期であることを示す相もあります。

「運命線」と「生命線」を横切る線は「障害線」。これも「ブレイク線」と同様に「流年法」で、訪れる年代を割り出します。

といっても恐れることはありません。

恐れても恐れなくても、いずれそのタイミングはやってくる。「何歳ごろは試練のときかもしれないな」という目処があらかじめ立っていれば、何となくでも覚悟を決めておけますよね。その心構えが重要だと思います。

試練に注意、「障害線」

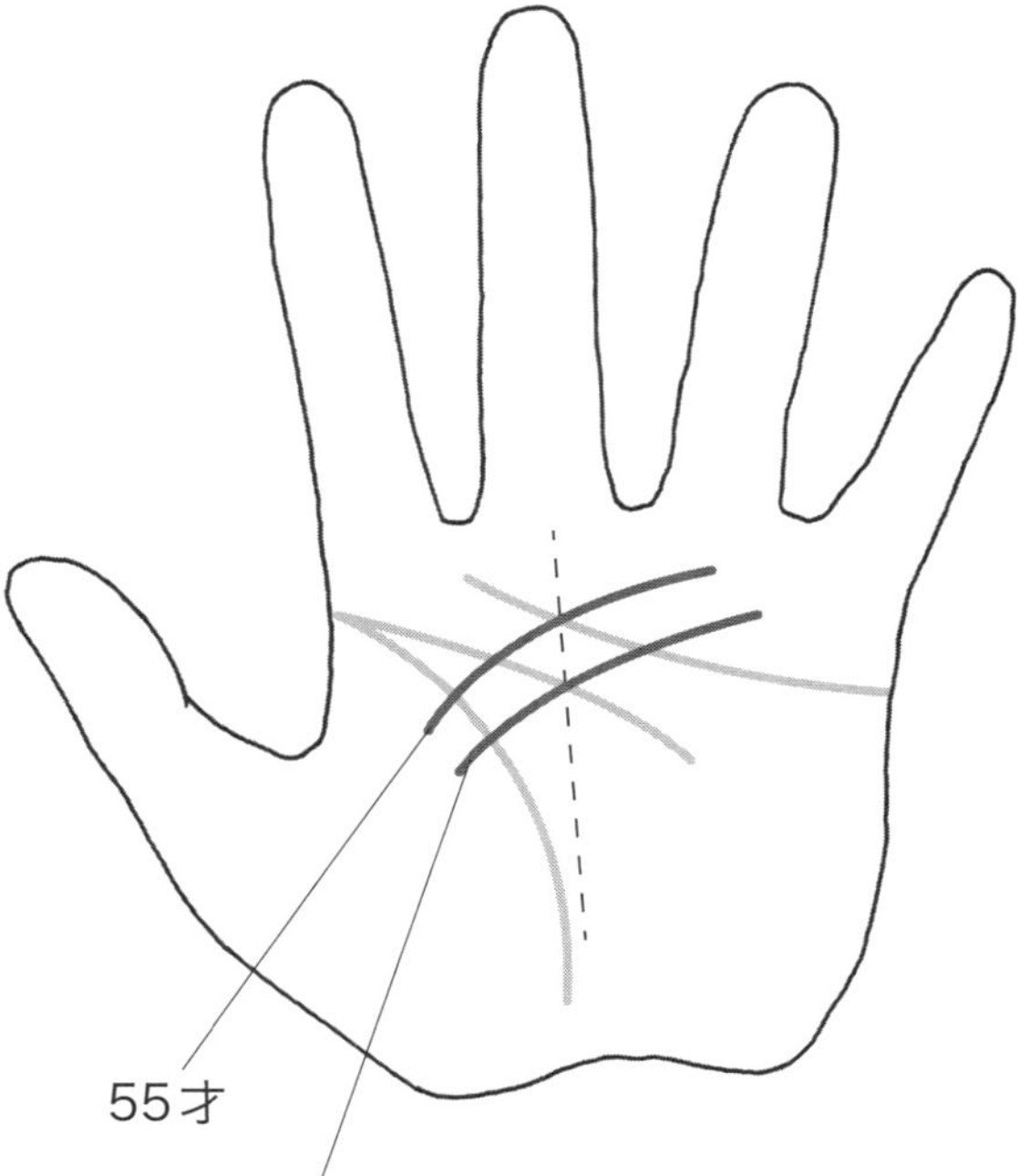

◉引っ越し、新築、建て替え……「不動産線」が現れたら好機

引っ越しや新築、建て替えなど、「住まいを変える」というのは、人生にかなり大きな変化をもたらすもの。それだけに、気にしだすと「悪い時期は避けたい」「いつがベストなんだろう?」と、どんどん迷いがちなところでしょう。

そこで参考になるのが、「不動産線」です。

「運命線」と「金運線」の上のほうを結ぶように、斜めに入る線が「不動産線」。もともと「不動産線」が入っている人は生来、不動産関係に縁があり、土地や建物との良縁にも恵まれやすいということ。

今まで入っていなかった「不動産線」が現れてきたら、引っ越しや新築に適したタイミングがきているサインです。

「不動産線」は引っ越しや新築のサイン

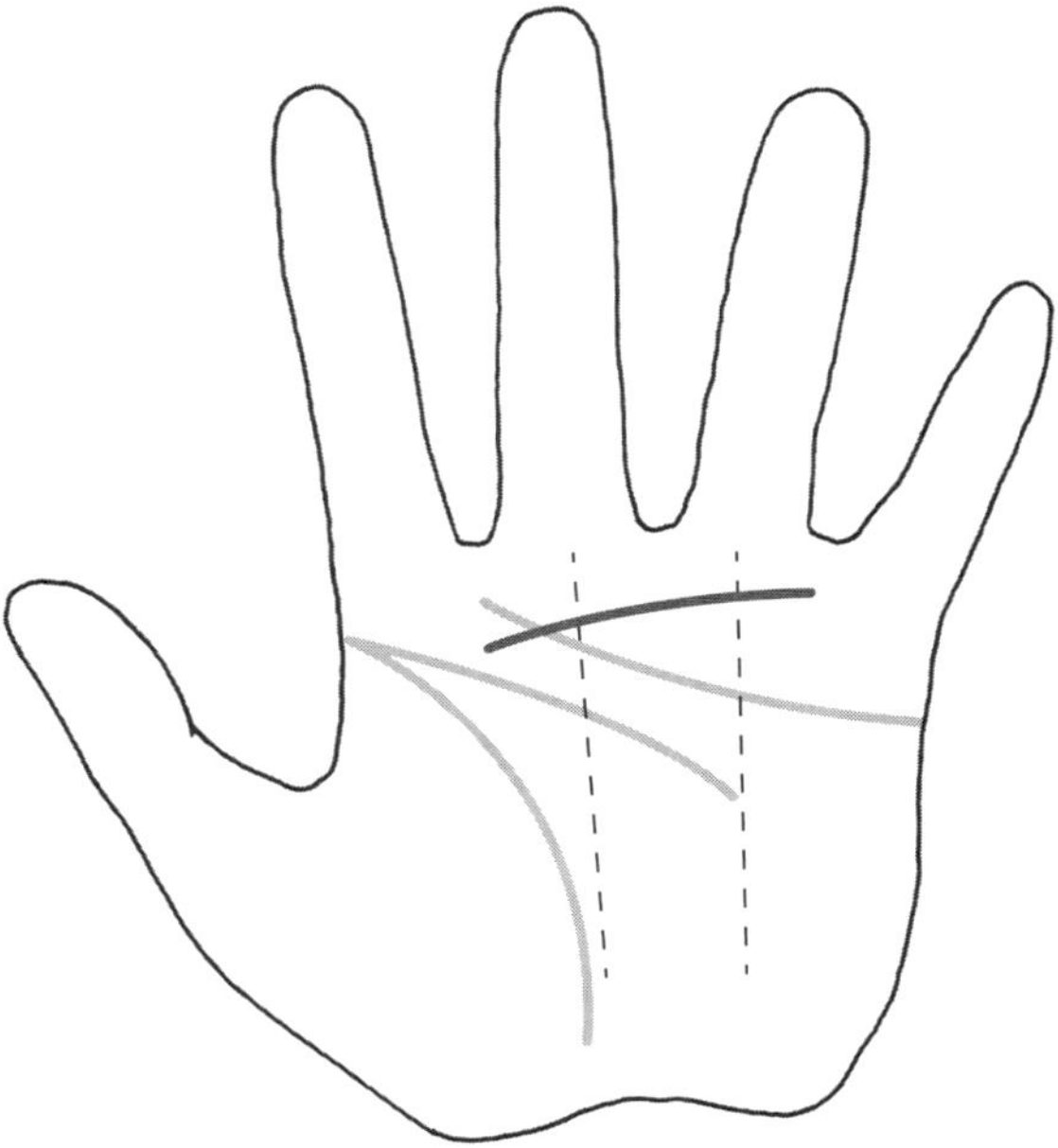

◉この線が出たら、健康に気をつけよう

運気の上昇期や「ブレイク線」が入っている年代は、たくさん仕事が入って忙しくなります。次々と成果が出て、もちろん金銭的にも潤うという絶好調の時期ですが、仕事にかまけて健康が二の次になるのはよくありませんね。

もちろん不調は、いつなんどき襲ってくるかわからないものです。「なんか、おかしい」と自覚する前に防げるよう、ここでも手相を参考にしましょう。

実は「こういう不調に注意」という線もあるのです。

「生命線」と「頭脳線」の起点のあたり（人によっては2つの線が交わっているところ）の線が乱れていたら、呼吸器系の不調に注意（①）。

「生命線」の下のほうの中指側のキワの線が乱れていたら、消化器系の不調に注意

この線が出たら、健康に注意

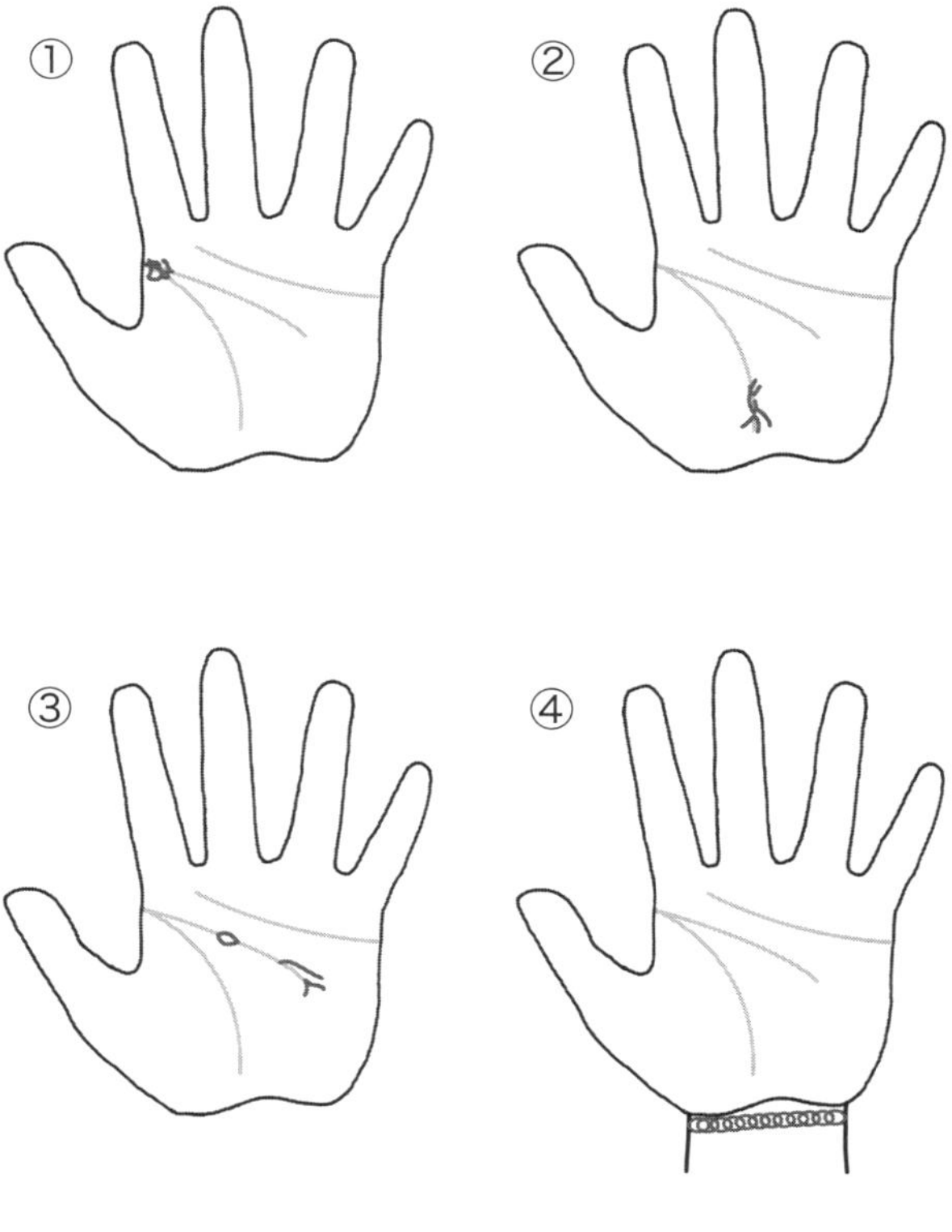

（②）。

「頭脳線」上に○が入っている、もしくは「頭脳線」の線が途中で乱れていたら、頭部や頭部付近で起こる不調（頭痛、肩こり、首こりなど）に注意（③）。

手の平と手首の境目の線が鎖のようになっているのは「お疲れ線」。あらゆる不調の根源である疲労に注意（④）。


健康はすべての資本です。

運気が上がっているときに健康を害しては、せっかくのチャンスを生かしきれなくなりますし、運気が下がっているときに健康を害したら、余計に気が滅入って、ますます運気が下がってしまうでしょう。自分を動かす気力も失われてしまいます。

僕たちは、健康なときほど、健康のありがたみを忘れがちです。

でも本当は、健康なときほど、健康に気をつけたほうがいいんですよね。

そのつもりで、日ごろから、ここで挙げたような線にも少し気をつけることで、いつも健やかな心身で元気に運を動かしていけるでしょう。

◉現れる位置によって輝き方が違う「スター線」

指の付け根や月丘（手の平の小指側の下方）に入る「＊」は「スター線」です。

まさにスターのように光り輝くタイミングがきているという相ですが、次のように、どこに「スター線」が現れるかによって、光り輝く運が違います。

・人差し指の付け根の「スター線」……名誉運
・中指の付け根の「スター線」……人気運
・薬指の付け根の「スター線」……お金運
・小指の付け根の「スター線」……仕事運
・月丘（手の平の小指側の下方）……アイデア運

光り輝くサイン「スター線」

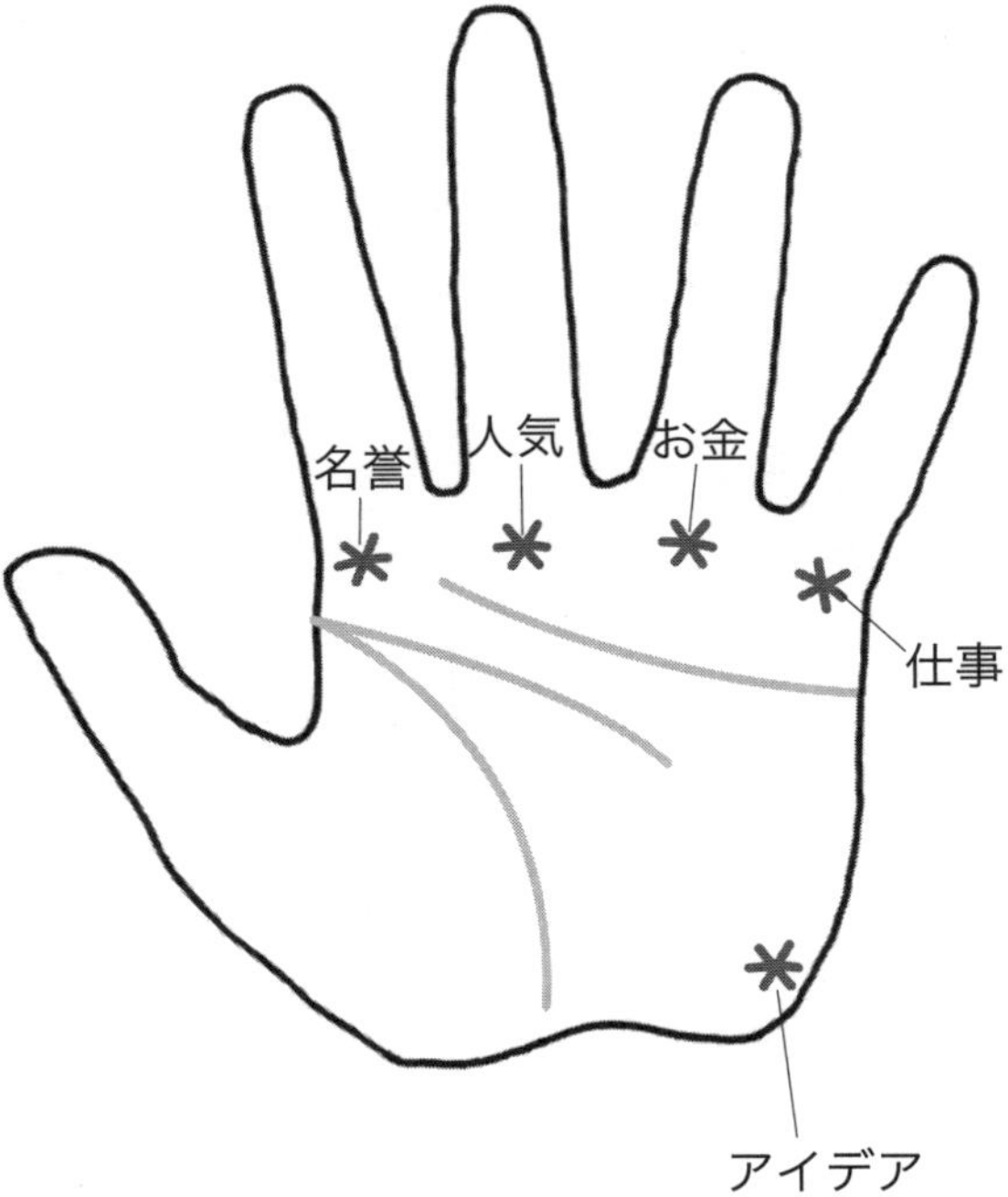

◉この線が現れたら、「総合運アップ」のチャンス

人差し指の付け根に、ゆるやかなカーブを描くように入る「ソロモンの環」。「生命線」と親指の間に、細かく格子状に入る「イケイケ線」。

これらは、何々運といった別個の運ではなく、総合的に運気が上がっていることを示す線です。

また、手の平の真ん中に小さな十字型に入るのは「神秘十字」。

この線が入っている人は、神秘的な力に守られている強運の持ち主です。直感力が優れているため、物事を選択、判断、決断するときにも、あれこれと考えるより直感で決めたほうが、うまくいきやすいタイプと言えます。

「総合運アップ」のサイン！

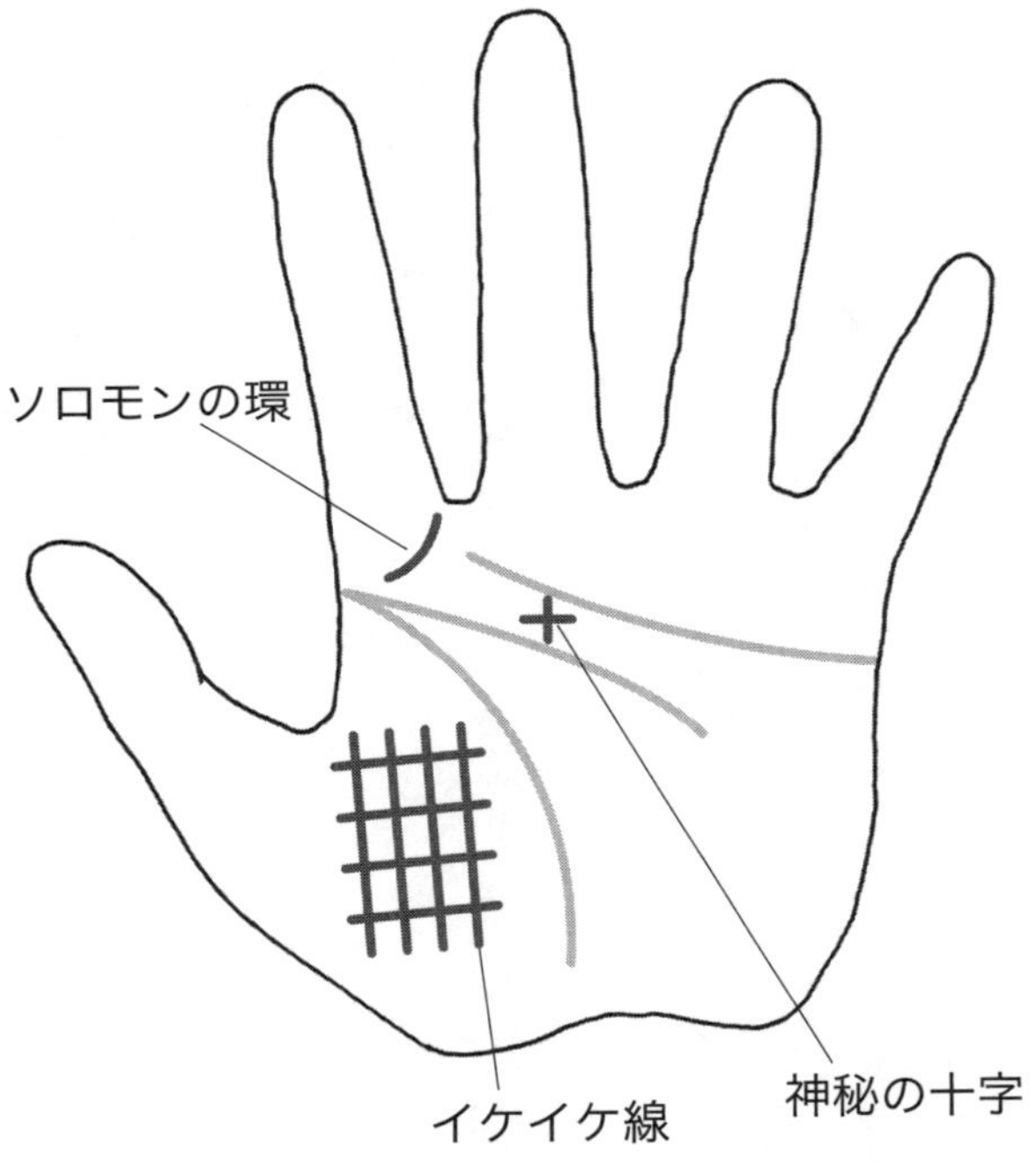

おわりに

『島田秀平が5万人の手相を見てわかった！　運と不運の正体』を、最後までお読みくださいまして、誠にありがとうございました。

捉えどころのない「運」や「不運」ですが、「運との上手なつき合い方」が、なんとなくでもお分かりいただけたら、とてもうれしいです。

「運の正体」について、諸先輩の例を出しながら、僕なりに述べさせていただきましたが、あまり大げさに考えずに、とにかく大らかに楽しみながら目の前の出来事に対応できたら、きっとあなたの人生は何倍も素敵に、何十倍も面白くなると思います。

なぜなら、あなたの人生の主人公はあなた自身だから。あなたがどう動くかで「人生の物語」はまったく違う展開になります。

たとえば、こんなふうに……。

ついている男
秀平さん おはよー
いってきます!!
おー!今日もいい天気!
天気がいいだけでハッピー!!
わー犬!
ベタベタ
コラー!ポチ!!
←財布

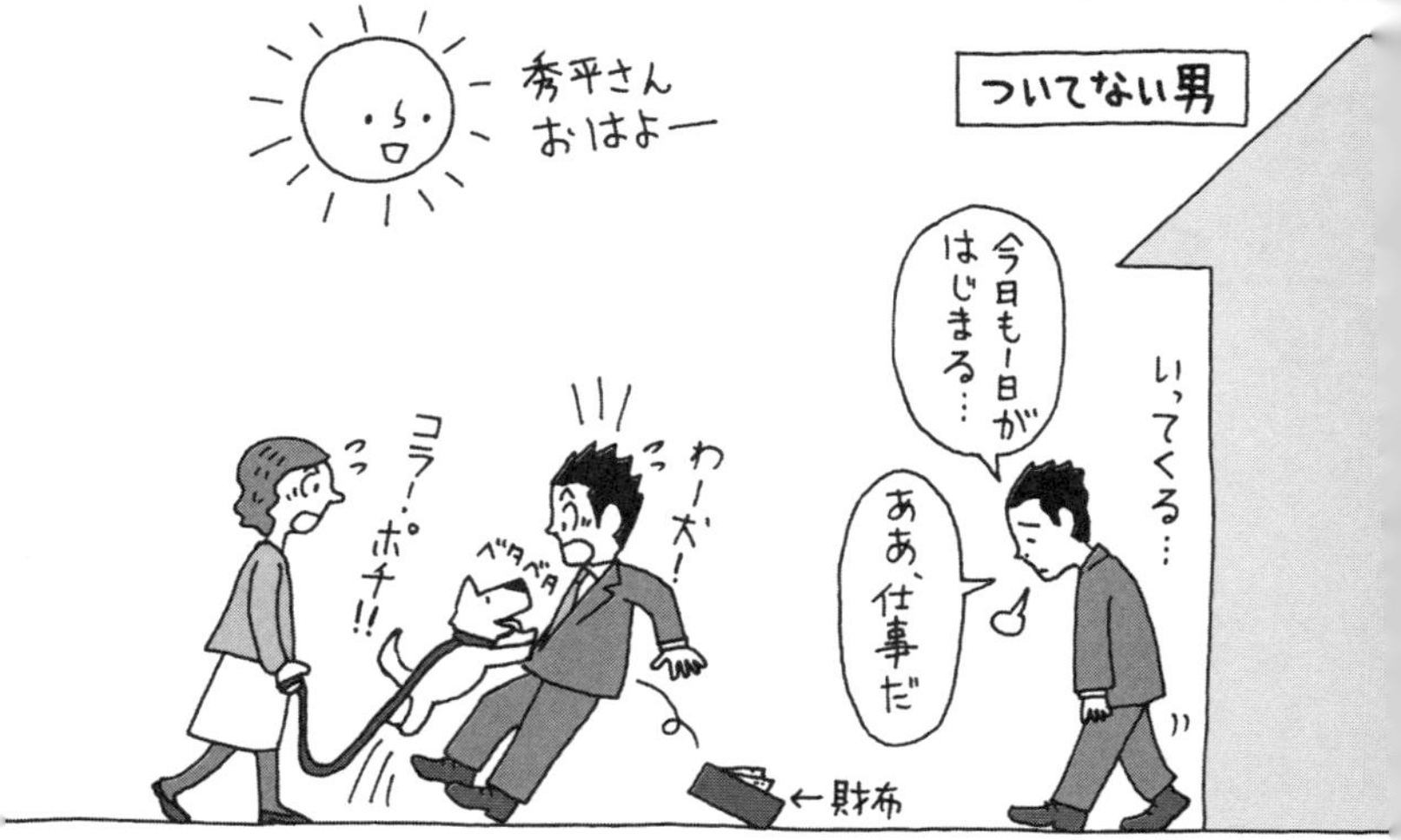
ついてない男
秀平さん おはよー
いってくる…
今日も1日がはじまる…
ああ、仕事だ
わー犬!
ベタベタ
コラー!ポチ!!
←財布

君、いい肉球してるね！「食べ物運」最高の相だよ！ポチ！
スミマセン
スミマセン
秀平さん、いい人だ！今度肉球占いの本を依頼したいナ
実は編集者
後に大ヒット書籍となる
僕も食べ物運つけてパワーアップしよう！
アイスクリーム

新しい服なのに…サイアク…！
いいえ、気にしないでください…
……
スミマセン
スミマセン
実は編集者
アイスでも食べて元気だすか…
アイスクリーム

アレ!? 財布がない!!
ごめんなさい また来ます
おかしいな、ポチにびっくりしたときに落としたかな? でも大ケガするより全然いいや!
めっちゃツイてる〜
おー、秀平さん お財布が 届いてるよー
交番

アレ!? 財布がない!!
やっぱり キャンセルで!!
イライラ
ポチのせい!? もうサイアク!! 朝から嫌なこと ばかり!
きいて下さい、今日めっちゃ ツイてなくて…
おー、秀平さん お財布が 届いてるよー
交番

なんだかつまらない例でごめんなさい。

僕がこのマンガでみなさんにお伝えしたかったのは「不運なんて、ない」ということ。仕事や恋愛がうまくいかなかったり、何をやっても調子が出なかったり、「いいことなんて何もない。自分はなんて運が悪いんだ」と落ち込むことが、人生にはたくさんあると思います。でも、大丈夫。

このマンガの「ついてる男」は、どんなに不運に思える出来事でも、不幸な気持ちを引きずらない。とにかく切り替えが早い。なんなら「運が悪い」とさえ思っていない。物事の受け止め方次第で、人生の物語は悲劇にもなるし、喜劇にもなる。

目の前の結果に捉われて、クヨクヨと同じところに立ち止まるより、時間をかけてでも一歩動き出す。すると、一見不運に見えた出来事が幸運の種となって人生が回りだす。あなたにもきっと、そんな出来事があるはずです。

「不運なんて、ない」「人生を面白がる」。これこそが、僕が5万人の手相を見て学んだ**「最強運マインド」**そのものです。

手相芸人　島田秀平

著者略歴

島田秀平（しまだ・しゅうへい）

1977年12月5日生まれ。長野県出身。手相芸人。

2002年、仕事で知り合った「原宿の母」に弟子入り。芸人活動の傍らで手相の修業を積み、2007年に「代々木の甥」を襲名。特異な才能に溢れる芸能人の手相を片っぱしから鑑定し、ユーモアあふれる「島田流手相術」を完成。「エロ線」「ギャンブル線」「不思議ちゃん線」など、誰もがわかりやすいネーミングが話題を呼ぶ。手相占いの他、パワースポット・都市伝説・怪談にも精通しており、現在、テレビ・雑誌等で活躍中。手相占い関連の書籍は、累計100万部を突破！

近年は活躍の場をYouTubeにも広げ、チャンネル登録者数10万人を超える人気チャンネル2つを運営している。

島田秀平のお開運巡り　チャンネル登録者数16.9万人　（2022年10月時点）

島田秀平のお怪談巡り　チャンネル登録者数51.2万人　（2022年10月時点）

SB新書　598

島《しま》田《だ》秀平《しゅうへい》が5万人《まんにん》の手相《てそう》を見《み》てわかった！
運《うん》と不運《ふうん》の正体《しょうたい》

2022年 11月15日　初版第1刷発行

著　者　島《しま》田《だ》秀平《しゅうへい》

発行者　小川 淳
発行所　SBクリエイティブ株式会社
〒106-0032　東京都港区六本木2-4-5
電話：03-5549-1201（営業部）

装　幀　杉山健太郎
本文デザイン DTP　株式会社ローヤル企画
写真　ホリプロコム
イラスト　堀江篤史
編集協力　福島結実子
協力　髙田敏之（ホリプロコム）
編集担当　美野晴代
印刷・製本　大日本印刷株式会社

本書をお読みになったご意見・ご感想を下記URL、
または左記QRコードよりお寄せください。
http://isbn2.sbcr.jp/16373/

落丁本、乱丁本は小社営業部にてお取り替えいたします。定価はカバーに記載されております。本書の内容に関するご質問等は、小社学芸書籍編集部まで必ず書面にてご連絡いただきますようお願いいたします。

ISBN 978-4-8156-1637-3